# 화정

華政

# 화정

1판 1쇄 발행 2015년 4월 13일

**지은이** 박찬영  **펴낸이** 박찬영  **편집** 박일귀, 서유진, 이현정, 안주영  **디자인** 이재호  **마케팅** 이진규, 장민영
**발행처** 리베르  **주소** 서울시 성동구 성수일로77 서울숲IT밸리 301호
**등록번호** 제2003-43호  **전화** 02-790-0587, 0588  **팩스** 02-790-0589  **홈페이지** www.리베르.com
**커뮤니티** blog.naver.com/liber_book(블로그), www.facebook.com/liberschool(페이스북)
**e-mail** skyblue7410@hanmail.net  **ISBN** 978-89-6582-077-2(03910)

리베르(Liber 전원의 신)는 자유와 지성을 상징합니다.

# 화정

박찬영 지음

정명공주와 광해군의 정치 기술

리베르

정명공주의 '빛나는 다스림'으로 바라본 17세기 조선

조선 왕들의 이미지는 학습 효과로 말미암아 대체로 선명하게 다가온다. 시대의 풍운아 이성계, 넘을 수 없는 벽 세종, 철혈 군주 세조, 희대의 탕아 연산군, 왕권 지키기에 급급했던 선조, 조선의 르네상스를 이끈 정조 등이 그러하다.

그렇다면 광해군은 우리에게 어떤 이미지로 다가올까. 다른 왕들과는 달리 우리는 광해군에 대한 두 가지 상반된 이미지를 가지고 있다. 탁월한 외교 정책을 펴고 대동법을 시행한 현군(賢君)의 이미지와 어머니인 인목대비를 폐하고 동생인 영창대군을 죽인 혼군(昏君)의 이미지가 그것이다.

어느 쪽이 실체에 더 가까울까. 우리에게는 사물을 어느 한쪽으로 바라보려는 습관이 있다. 다년간 받아 온 주입식 교육의 폐해다. 빛과 그림자 가운데 어느 하나만을 바라보려는 습성도 있다. 그러다 보니 때때로 자신을 특정한 이데올로기에 가둔다. 있는 그대로 빛과 그림자를 볼 수 없을까. 이 책에서는 있는 그대로 광해군과 정명공주를 보려 한다.

광해군이란 프리즘만으로 당대의 역사를 바라볼 때 우리는 필연적으로 시각의 사각지대를 갖게 된다. 이 사각지대를 광해군의 이복 여동생인 정명공주를 통해 다시 비추어 보고자 한다. 광해군보다 아홉 살이나 어린 계모 인목대비 역시 당대를 바라보는 또 다른 시각을 제공한다. 인목대비가 대중의 눈에 자주 띄는 것은 우연이 아니다. 정명공주의 이성적 대응과 인목대비의 감정적 대응을 대조해 보는 것도 큰 시사점을 던져 준다.

한때 광해군은 정명공주를 보듬어 주기도 했다. 하지만 정치는 냉엄했다. 정명공주가 인목대비의 딸이자 영창대군의 누나라는 것은 지울 수 없는 사실이었다. 정명공주는 어머니 인목대비와 함께 서궁에 유폐되어 죽은 사람처럼 숨죽이며 지내야 했다.

'화정(華政)'. 조선을 통틀어 최고의 여성 서예가로 평가받던 정명공주가 남긴 처세훈이다. 화정의 의미를 되새기다 『조선왕조실록』에서 얼핏 보아 넘긴 정명공주에 관한 궁금증이 생겼다. 정명공주라는 인물을 살펴보면 대척점에 섰던 광해군을 새롭게 해석하는 일도 가능하리라는 생각이 순간적으로 들었다. 우리나라의 정치가, 아니 우리의 삶이 가야 할 내밀한 길을 찾을 수도 있지 않을까 하는 희망 섞인 기대도 싹텄다.

정명공주에 관해 찾기 시작했다. 『조선왕조실록』에는 파편적인 사실이 나열되어 있을 뿐이었다. 간간이 『계축일기』와 『연려실기술』에 정명공주에 관한 직간접적인 언급이 보였다. 몇 가지 단서로 역사의 그늘에 가려져 있던 정명공주를 들여다보기 시작했다.

　광해군, 인목대비, 영창대군 등의 그늘에 가려진 인물
　폐서인되어 죽어 있다 다시 숨을 쉰 공주
　당대 최고의 여성 서예가로 평가받는 인물
　역대 여섯 왕과 함께한 최장수 공주

　죽음에서 부활하다시피 살아났고, 권력의 비정함을 온몸으로 느끼며 83세까지 산 정명공주. 그녀를 살게 한 힘은 무엇이었을까. 이 모든 것의 열쇠가 화정이라는 말에 숨어 있는지도 모른다. 당대 최고의 여성 서예가였던 정명공주는 서궁 유폐 시절에 화정이라는 글씨를 남겼다.

　'화정(華政)'에서 화(華)는 빛 혹은 꽃으로 해석할 수 있다. 정(政)은 다스린다는 의미다. 그러므로 화정은 '빛나는 다스림' 혹은 '화려한 정치'로 해석할 수 있다. 각각의 해석은 다른 느낌을 준다. '화려한 정치'에는 일신의 영달을 추구하는 모습이 담겨 있고, '빛나는 다스림'에는 자기 수양과 애민(愛民)의 의미가 녹아 있다.

　선조의 적통인 정명공주는 냉엄한 정치 세계에서 살아 나가기 위해 스스로를 빛나게 다스리는 길을 택했는지도 모른다. 따라서 '화정'은 처세의 키워드라 할 만하다. 화정의 정신을 잘 보여 주는 정명공주의 말이 있다.

내가 원하건대 너희가 다른 사람의 허물을 들었을 때 마치 부모의 이름을 들었을 때처럼 귀로만 듣고 입으로는 말하지 않았으면 좋겠다.

다른 사람의 장점과 단점을 입에 올리고 정치와 법령을 망령되이 시비하는 것을 나는 가장 싫어한다. 내 자손들이 차라리 죽을지언정 경박하게 말하지 않았으면 좋겠다. 그런 말이 들리지 않기를 바란다.

숙종 8년 정명공주가 80세가 되던 해에 막내아들 홍만회에게 내린 글이다. 부모 이름 석 자는 음을 하나하나 새길지언정 자식이 직접 거론하지 않는 것이 도리다. 그와 마찬가지로 남의 허물도 삼가 입에 올리지 않아야 한다는 것이 정명공주의 원칙이었다.

정명공주의 말을 들으니 당 말기의 정치가인 풍도의 말이 떠오른다.

입은 화근의 문이요(口是禍之門, 구시화지문)
혀는 몸을 자르는 칼이라(舌是斬身刀, 설시참신도)
입을 다물고 혀를 깊이 간직하면(閉口深藏舌, 폐구심장설)
몸이 어느 곳에 있든지 편안하리라(安身處處牢, 안신처처뢰)

조정에서는 당파 싸움으로 옥사(獄死)가 끊이지 않았다. 남의 허물을 들추는 것이 죽고 사는 문제와 연관되어 있었기 때문이다. 이때 정명공주는 인목대비와 함께 서궁에 유폐되어 있었는데, 광해군과의 악연의 고리를 풀어 나가는 과정에서 '화정'이라는 말을 끊임없이 되새겼다.

정명공주는 광해군과 인조로부터 보살핌과 동시에 견제와 핍박을 받았다. 선조가 죽을 때 광해군은 34세의 장년이었고, 영창대군은 3세의 어린 아이였으므로 선조는 광해군에게 왕위를 물려줄 수밖에 없었다. 선조는 세상을 떠날 때 광해군에게 영창대군을 잘 돌봐 달라는 유명을 남겼다.

광해군은 선조가 살아 있을 때는 정명공주와 영창대군에게 더없는 우애를 보여 주었다. 영창대군은 광해군을 아버지처럼 따랐다. 하지만 광해군은 왕위에 오르자 영창대군을 본체만체했고, 심지어 영창대군을 죽인 후 인목대비와 정명공주를 서궁에 유폐하기까지 했다.

인조는 어머니를 유폐하고 동생을 죽인 폐모살제(廢母殺弟)를 반정의 명분으로 삼았으므로 인목대비와 나이 어린 고모 정명공주를 깍듯이 예우했다. 하지만 인목대비가 죽은 후에는 특유의 의심증이 도졌다. 결정적인 증거도 없이 정명공주가 자신을 저주한다고 생각해 공주를 핍박했다.

때로 사람의 변덕은 죽 끓듯 한다. 광해군과 인조 역시 계속 변덕을 부렸다. 정명공주는 동생 영창대군의 죽음을 떠올리며 내내 속을 감추며 살 수밖에 없었을 것이다.

정명공주는 선조 대에서 숙종 대까지 당시로서는 드물게 83세까지 장수했다. 정명공주의 삶은 격랑이 휘몰아친 17세기 조선의 단면도다. 임진왜란 직후에 태어난 정명공주는 선조, 광해군, 인조, 효종, 현종, 숙종 대에 걸쳐 조선 역사의 5분의 1을 경험했다. 정명공주가 겪은 역사의 고비들을 세상의 양면을 모두 보고자 하는 사람들과 함께 넘어 볼까 한다.

사료를 토대로 한 객관적 접근만으로 실체를 드러내기 힘들 때는 이야기 형식을 빌려 사건을 풀어 나갔다. 배경 이야기는 ㈜리베르스쿨에서 발간한 『조선왕조실록을 보다』에서 일부 인용했음을 밝힌다.

세상사 가운데 정치가 아닌 게 있을까. 인간은 원초적으로 갈등 관계에 놓인다. 인간은 오해와 편견 덩어리다. 세상사는 갈등 그 자체다. 『화정』은 이 갈등을 정치적으로 해결하는 공생 코드인 '관용, 친절, 배려'에 관한 책이다. 이 책을 통해 공생하는 지혜를 찾을 수 있기를 갈망해 본다.

세상에 선과 악의 싸움은 드물다. 선과 선의 싸움이 대부분이다. 이럴 때 필요한 게 자신을 향한 '빛나는 다스림'이다. 붕당에 찌든 조선은 '선'이 '선'을 죽이는 사회였다.

화정이라는 화두가 우리 머릿속에 늘 머무른다면, 빛나는 다스림이 나로부터 시작해 주변으로 확산한다면, 남을 다스리기 전에 나부터 다스린다면, 나와 너는 함께할 수 있을 것이다.

2015년 3월

박 찬 영

차례

머리말

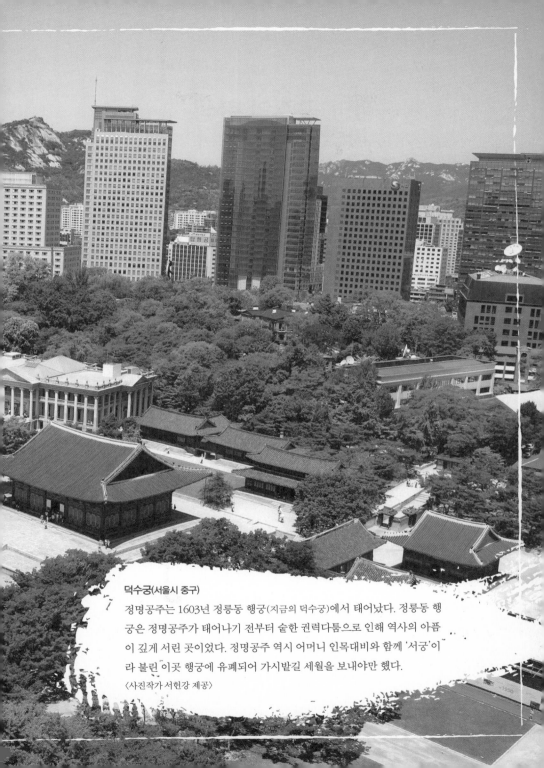

**덕수궁(서울시 중구)**

정명공주는 1603년 정릉동 행궁(지금의 덕수궁)에서 태어났다. 정릉동 행궁은 정명공주가 태어나기 전부터 숱한 권력다툼으로 인해 역사의 아픔이 깊게 서린 곳이었다. 정명공주 역시 어머니 인목대비와 함께 '서궁'이라 불린 이곳 행궁에 유폐되어 가시밭길 세월을 보내야만 했다.

〈사진작가 서헌강 제공〉

# 정명 공주의 탄생,
# 파란을 예고하다

## 정릉동 행궁

**공주의 첫울음이 울려 퍼지다**

1602년 7월 13일 선조는 51세의 나이에 17세의 인목대비에게 새장가를 들었다. 재위 35년의 일이다. 인목대비와 함께하면서 머리를 늘 짓누르던 전쟁의 기억은 안개처럼 사라져 갔다.

열 달 후인 1603년 5월 19일 정릉동 행궁에는 갑자기 적막이 감돌았다. 얼마 있지 않아 수많은 눈이 지켜보는 가운데 아기씨의 울음소리가 울려 퍼졌다. 억눌려 있던 소리가 터지며 축복과 기대와 설렘이 행궁을 가득 메웠다. 행궁 한편에서는 광해군이 이 소식을 듣고 불안에 떨었다.

인목대비의 측근 내인이 썼을 것으로 추정하는 『계축일기(癸丑日記)』는 당시의 분위기를 이렇게 전한다.

만력(萬曆, 명 신종의 연호) 임인년(1602년) 왕비께 태기가 있다는 이야기가 있었다. 광해군의 장인 유자신은 낙태시킬 일을 꾸몄다. 왕비를 놀라게 하려고 대궐에 돌팔매질도 하고, 대궐 사람들을 꾀어 궁녀들의 뒷간에 구멍을 뚫고 나무로 쑤셔 대기도 하며, 대궐 밖 여러 곳에 화적 떼가 나타났다는 소문을 퍼뜨리기도 했다. 이런 괴이한 일들이 끊이지 않자 마침내 대궐 사람들은 유자신을 의심하게 되었다. 계묘년(1603년) 왕비께서 공주를 낳으셨다. 왕자에 대한 기대가 컸던지 소식이 잘못 전달되어 대군 아기씨가 태어났다고 전해졌다. 실망한 유자신은 한마디 말도 하지 않았다. 다시 공주마마가 태어났다는 소식을 듣게 되자 그제야 반색하며 축하 예물을 올렸다. 얼마나 왕비마마를 미워했으면 그렇게 했을까.

선조와 인목대비에게 정명공주의 탄생은 아쉽지만 반가운 일이었다. 선조는 52세에 얻은 늦둥이 정명공주가 그렇게 예쁠 수가 없었다. 광해군 측 사람들에게는 가슴을 쓸어내린 일이었다. 정명공주가 아들이었으면 세자가 될 수도 있었을 것이다.

정명공주가 태어난 시기는 1592년(선조 25년)부터 1598년까지 지속되었던 임진왜란이 끝난 지 얼마 되지 않은 때였다. 임시 궁궐인 행궁은 좁고 남루했다. 임시 행궁에서 정명공주가 탄생한 사건은 그 배경에서 엿볼 수 있듯 왕실의 파란을 예고하고 있는지도 모른다.

정명공주는 역사의 그늘에 묻힐 수밖에 없는 운명이었다. 하지만 그녀는 선조 대부터 숙종 대에 이르기까지 파란만장한 역사를 모두 지켜보았다. 미모뿐 아니라 남자 이상의 능력을 지니고 있었다. 하지만 이를 드러내지 않으려고 자신을 다스리면서 시대를 관조했다.

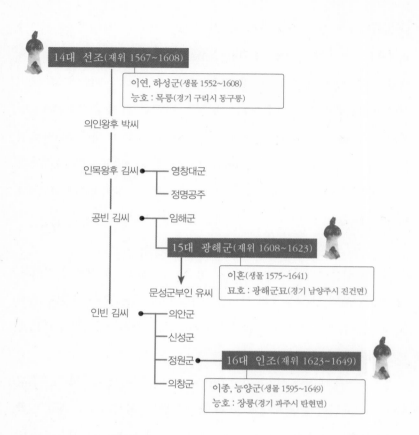

14대 선조(재위 1567~1608)

이연, 하성군(생몰 1552~1608)
능호 : 목릉(경기 구리시 동구릉)

의인왕후 박씨

인목왕후 김씨 ● ┬ 영창대군
                └ 정명공주

공빈 김씨 ● ┬ 임해군
             └ 15대 광해군(재위 1608~1623)

이혼(생몰 1575~1641)
묘호 : 광해군묘(경기 남양주시 진건면)

문성군부인 유씨

인빈 김씨 ● ┬ 의안군
            ├ 신성군
            ├ 정원군 ● 16대 인조(재위 1623~1649)
            └ 의창군

이종, 능양군(생몰 1595~1649)
능호 : 장릉(경기 파주시 탄현면)

정명공주가 태어난 지 3년 후인 1606년(선조 39년) 영창대군이 태어났다. 55세의 늦은 나이에 적장자를 얻은 선조의 기쁨은 이루 말할 수 없었다. 하지만 공빈 김씨 소생인 광해군은 놀란 가슴을 가누지 못했다. 아버지가 언제 자신을 내치고 적통인 영창대군을 세자로 세울지 알 수 없는 노릇이었다.

왕위 계승권을 둘러싼 정치적 대립은 불가피했다. 인목대비가 낳은 적장자 영창대군은 광해군의 왕위 계승권을 위협했다. 『계축일기』에는 이런 분위기가 잘 묘사되어 있다.

유자신과 동궁 일파는 영창대군이 탄생하자마자 눈엣가시처럼 생각하고 어떻게든 처치하려 했다. 이들은 영창대군이 무럭무럭 자라는 것을 보고 큰 변을 일으켜 단숨에 없애 버리기 위해 날마다 모의했다. 아직 아무것도 모르는 어린 영창대군을 불쌍하게 여기지 않고, 그저 모든 일에 꼬투리를 잡아 시비하고 박대했다.

## 역사의 아픔이 곳곳에 서린 정릉동 행궁

정릉동 행궁은 현재 덕수궁으로, 광해군 대에는 경운궁으로 불렸다. 정릉동 행궁에는 정명공주가 태어나기 이전부터 역사의 아픔이 곳곳에 서려 있었다. 행궁으로 이용한 것은 임진왜란 중이었다.

1592년(선조 25년) 4월 한양을 버리고 의주까지 갔던 선조는 1593년에야 한양으로 돌아왔다. 경복궁과 창덕궁이 모두 불타 선조는 할 수 없이 그나마 온전하게 남아 있던 월산대군의 정릉동 집에 들어갈 수밖에 없었다. 정명공주는 집터의 불운한 기운을 이어받은 것일까. 하늘의 운은 인목대비와 남매인 정명공주와 영창대군을 비켜 갔다.

천운(天運)은 풍류가로도 유명한 월산대군도 비켜 갔다. 월산대군은 세조의 장손으로 세조의 총애를 한 몸에 받았다. 아버지 의경세자(덕종)가 살아 있을 때는 원손이었다. 하지만 의경세자가 갑자기 세상을 떠나면서 역사의 물줄기는 다른 곳으로 트였다.

의경세자는 1455년 세조가 즉위하자 18세의 나이로 세자에 책봉되었다. 하지만 시름시름 앓다가 2년 후에 죽고 만다. 낮잠을 자다 가위에 눌려 죽었다는 말이 있는데, 사람들은 단종의 어머니 현덕왕후 권씨의 살을 맞았다고 믿었다.

세조는 원손 월산대군이 4세밖에 되지 않아 세손으로 세울 수 없다고 판단했다. 대신 세조의 둘째 아들인 해양대군이 8세의 나이로 세자에 책봉되었다. 네 살 차이가 역사의 흐름을 바꾸었다.

월산대군은 한때 세자빈이었던 어머니 한씨와 함께 동궁에서 나와야 했다. 어찌 심란하지 않았겠는가. '무엇'이 어린 월산대군의 혼란한 마음을 정릉동으로 이끌었을까.

'그 무엇'은 할아버지 세조의 마음도 건드린 게 아닐까. 마침 정릉 터는 비어 있었고 궁궐과도 가까웠다. 세조는 그곳에 의경세자의 사당을 짓고, 사당 주변에는 월산대군과 한씨가 살 곳을 마련해 주었다.

월산대군의 집터는 원래 절터였다. 사람들은 감히 영험한 도량에 집을 지을 생각조차 하지 않았다. 태조 이성계가 신덕왕후 강씨의 무덤을 정릉에 조성하고 흥천사라는 절을 지었고, 태종이 왕위에 오른 후 정릉을 도성 밖으로 이장했다. 갑자기 능 자리는 무덤보다 을씨년스러운 공터로 변했다.

요절한 의경세자 대신 왕위에 오른 예종은 의욕적으로 일했다. 먼저 공신의 대납권을 행사하지 못하게 했다. 공신들은 이제 정해진 것보다 터

**정릉(서울시 성북구)** 신덕왕후 강씨의 능이다. 신덕왕후에게 감정이 좋지 않았던 태종은 도성 안에 있던 정릉을 지금의 자리로 옮긴 후 묘로 격하했다. 200여 년 후인 현종 때에 이르러 묘에서 다시 능으로 승격되었다.

무니없이 많은 세금을 거둘 수 없었다. 백성은 크게 반겼다.

당시 공신들에게 의탁한 무리는 세금을 선납한 후 백성에게 두 배에서 서너 배에 이르는 세금을 거두어들였던 것이다. 수령들도 이권을 챙기기 위해 백성에게 억지로 대납하라는 명을 내렸다. 역시 권력층의 밥그릇은 건드려서는 안 되나 보다. 개혁 군주 예종은 일 년도 안 되어 의문의 죽음을 맞았다.

예종이 죽은 날 새벽이었다. 대왕대비인 정희왕후 윤씨(세조의 비)는 신숙주, 한명회, 구치관을 불렀다. 이 자리에서 정희왕후가 자신의 큰아들인 의경세자의 둘째 아들 자을산군을 거명했다.

"원자 제안대군은 너무 어리고 월산대군은 병약하다. 자을산군이 어리기는 하지만 세조께서도 그 도량을 칭찬하셨다. 자을산군이 어떤가?"

이에 신하 모두 화답했다.

"진실로 마땅하나이다."

정희왕후는 13세의 자을산군을 선택했다. 당대 최고의 권력자인 한명회는 예종의 장인이었을 뿐 아니라 자을산군의 장인이기도 했다. 정희왕후는 자을산군이 실세인 장인의 도움을 받아 정권을 안정시킬 수 있다고 판단한 것이다.

승정원에 모인 대신들은 예종의 죽음을 미리 알고 대비라도 한 듯이 후속 절차를 진행했다. 자을산군은 부름을 받기 전에 이미 대궐 안으로 들어와 있었다. 이는 자을산군이 미리 연락을 받았다는 것을 말해 준다. 자을산군은 예종이 사망한 날 신시(申時, 오후 3~5시)에 근정문에서 즉위하고 교서를 반포했다.

예종과 안순왕후 사이에서 태어난 원자 제안대군은 당시 4세였으므로 왕위 계승에 어려움이 있었을지 모른다. 하지만 16세였던 월산대군을 배제하고 13세의 자을산군에게 왕위를 준 것은 이해하기 힘든 조치였다. 월산대군은 한 번도 아니고 두 번이나 왕이 될 기회를 놓쳤다. 한 번은 작은아버지에게, 또 한 번은 동생에게 왕의 자리를 내주었다.

월산대군은 정릉동 집에서 아버지 의경세자의 제사를 지내며 책과 시,

음악과 술을 벗하며 살았다. 월산대군은 마음을 비우고 살았지만, 그의
시에는 잃어버린 자신의 시대에 대한 아쉬움이 묻어난다.

　추강(秋江)에 밤이 드니 물결이 차노매라

　낚시 드리우니 고기 아니 무노매라

　무심한 달빛만 싣고 빈 배 저어 오노매라

긴장 속에서 살아서 그런지, 아니면 정희왕후의 표현대로 원래 허약해
서 그런지 월산대군은 서른다섯의 나이에 요절했다.

**망원정(서울시 마포구)** 원래 효령대군이 세운 희우정이었는데, 1484년(성종 15년)에 월산대군이 고쳐 짓고 아
름다운 경치를 멀리 바라본다는 뜻으로 '망원정'으로 개칭했다.

## 17세기 조선사의 단면도, 정명공주의 삶

1608년 즉위한 지 41년 되던 해에 선조가 사망했다. 선조가 죽을 때 광해군은 34세의 장년이었다. 영창대군은 세 살배기 어린아이였으므로 선조는 광해군에게 왕위를 물려줄 수밖에 없었다. 선조는 광해군에게 영창대군을 잘 돌봐 달라는 유명(遺命)을 남기고 세상을 떠났다.

광해군은 선조가 살아 있을 때 정명공주와 영창대군에게 더없는 우애를 보여 주었다. 영창대군은 광해군을 아버지처럼 따를 정도였다. 하지만 광해군은 왕위에 오르자 영창대군을 본체만체했다. 반면, 정명공주에게는 친밀감을 표시했다. 『계축일기』에는 당시의 상황이 다음과 같이 기록되어 있다.

영창대군이 '대전 형님(광해군)이 보고 싶다.'라고 보채어 정명공주와 영창대군 두 아기씨가 광해군을 문안했다. 두 아기씨가 광해군을 뵈는 자리에서 광해군은 정명공주에게는 '이리 와 보라.'라며 만져 보기도 하고 '참 영민하고 어여쁘구나.'라고 칭찬했으나, 대군에게는 말도 붙이지 않고 본 체도 하지 않았다. 대군이 어려워하자 인목대비께서 '너도 가 보거라.'라고 일러 주셨다. 대군이 일어나 임금 앞에 가서 섰지만 여전히 본 체도 아니 하시니 대군이 나가서 울음을 터뜨리셨다. '대전 형님이 누나는 어여뻐 하시고 나는 본 체도 아니 하시니 나도 누나처럼 여자가 되어야 했는데, 무슨 일로 사내아이가 되었는고.'라며 종일 우시니 불쌍하시어 차마 볼 수가 없더라.

광해군은 영창대군을 죽인 후 인목대비와 정명공주를 서궁에 유폐했다. 서궁은 정릉동 행궁의 다른 말이다. 광해군이 인목대비를 유폐하며 정릉동 행궁을 '서궁'이라 낮춰 불렀다.

인조는 인조반정으로 광해군을 몰아내고 왕이 되었다. 폐모살제(廢母殺弟, 어머니를 유폐하고 동생을 죽임)를 반정의 명분으로 삼았으므로 인조는 인목대비와 나이 어린 고모 정명공주를 깍듯이 대우했다. 하지만 인목대비가 죽은 후에는 특유의 의심증이 도져 결정적 증거도 없이 정명공주가 자신을 저주한다고 생각해 공주를 핍박했다.

때로 사람의 변덕은 죽 끓듯 한다. 병석에 눕거나 어려움에 부닥치면 증세는 더 심해진다. 광해군과 인조 역시 계속 변덕을 부렸다. 정명공주는 동생 영창대군의 죽음을 떠올리며 내내 속을 감추며 살 수밖에 없었을 것이다.

월산대군과는 달리 정명공주는 장수했다. 정명공주가 서궁에서 죽은 듯이 지냈기 때문인지도 모른다. 선조 대에서 숙종 대에 이르기까지 당시로는 드물게 83세까지 장수한 정명공주의 삶은 격랑이 휘몰아친 당시 역사의 단면도다.

이제 정명공주가 태어나기 11년 전인 1592년으로 거슬러 올라가 보자. 서궁의 기운이 어떻게 정명공주를 잉태했고, 정명을 가두었으며, 정명이 갈 길을 결정했는지 그 단초를 찾을 수 있을지도 모른다.

**화석정(경기 파주시)**

임진왜란이 일어나자 선조는 도성을 버리고 의주로 피난을 갔다. 선조
의 수레가 도성을 나설 때 경복궁, 창덕궁, 창경궁 세 궁궐이 모두 불에
탔다. 임진강을 건널 때는 강변에 있는 화석정을 불태워 밤길을 밝혔고,
왜군이 쫓아오지 못하도록 남아 있는 배도 모조리 불태웠다.

# 월산대군의 집이
# 임시 행궁이 되다

## 임진왜란

### 몽진을 앞두고 광해군이 세자에 책봉되다

1592년 4월 13일 16만 8,000여 왜군이 조선으로 물밀듯이 밀려왔다. 왜군과 조선군의 싸움은 어린아이와 어른의 싸움이었다. 왜군은 100여 년 동안 숱한 내전을 치러 왔고, 조선군은 200년 동안 전쟁을 치러 본 적이 없기 때문이다. 왜군은 마치 진군하듯 조선 땅을 유린하며 밀고 올라왔다.

4월 29일 믿고 있던 신립의 패전 소식이 한양 도성에 전해지자 조정은 공포에 휩싸였다. 왜군은 북진을 계속했고 동요한 선조는 결국 몽진(蒙塵, 먼지를 뒤집어쓴다는 뜻으로 임금이 난리를 피해 안전한 곳으로 피신함) 채비를 갖추었다. 대간과 종실들은 사직을 버리지 말고 한양 도성을 사수할 것을 간청했다.

반면, 영의정 이산해는 파천(播遷, 임금이 도성을 떠나 다른 곳으로 피란

함)을 주장했다.

"예전에도 파천한 사례가 있나이다."

모두 웅성거리며 이산해를 비난했지만, 선조는 이산해의 의견에 따라 파천을 결정했다.

피란 준비를 하느라 모두 동분서주하는 상황에서 우부승지 신잡은 급히 왕에게 건의했다.

"나라가 날로 위급해지니 왕세자를 세워야 합니다."

신잡은 탄금대에서 전사한 신립의 형이다. 선조는 대신들을 모아 논의하게 했으나, 대신들은 원론적인 이야기만 할 뿐 구체적인 인물을 거론하지는 않았다. 그때 선조의 나이는 41세로 아직 혈기방장(血氣方壯)할 때였다.

임진왜란이 일어나기 한 해 전에 정철이 광해군을 세자로 책봉하자는 건저의(健儲議)를 제기한 적이 있었다. 정철은 신성군을 마음에 두고 있던 선조의 노여움을 사서 유배형에 처해졌다. 신하들은 그때의 일을 떠올렸다.

선조는 의인왕후 박씨와 결혼했으나 자식을 얻지 못하고, 공빈 김씨로부터 서장자인 임해군과 광해군을 얻었다. 공빈 김씨는 선조의 사랑을 독차지했지만 광해군을 낳은 후 죽고 말았다. 이어 선조의 사랑을 받은 인빈 김씨가 신성군, 정원군 등 아들 넷을 낳았다.

1591년(선조 24년) 좌의정 정철은 우의정 유성룡과 건저의를 상의했다. 두 사람 모두 광해군을 염두에 두고 있었다. 유성룡은 최종적으로 결정하기 위해 동인인 이산해와 자리를 함께하기로 했다. 하지만 이산해는 신성군을 마음에 두고 있는 선조를 의식해 신성군의 외삼촌인 김공량을 찾아가 슬쩍 언질을 주었다.

김공량은 신성군의 모친인 인빈 김씨에게 정철이 신성군 모자를 제거할 계책을 꾸미고 있다고 거짓으로 고했다. 인빈 김씨는 선조에게 달려가 눈물을 보이며 애원했다.

"정철이 무슨 짓을 꾸미고 있든 우리 모자는 살려 주십시오."

건저를 건의하기 위해 선조와 대면하기로 한 날이 왔다. 이산해는 병을 핑계로 나가지 않았다. 신중한 유성룡이 머뭇거리는 사이에 성격 급한 정철이 내질렀다.

"광해군에게 사직을 맡길 만하나이다."

이 말을 듣자 선조는 인빈 김씨가 한 말이 사실이라고 확신했다.

"내 아직 젊거늘 무슨 말을 하는 것인가?"

격노한 선조는 그 자리에서 정철을 파직했다. 정철은 진주로 유배되었다가 다시 강계로 이배되었다. 정철은 임진왜란 때 잠시 재등용되지만, 이때 정철의 정치 인생은 끝난 것이나 다름없었다.


오랜 침묵을 깨고 피란을 앞둔 선조가 입을 열었다.

"광해군이 어떠시오."

선조는 광해군이 총명한 것을 칭찬했고, 신하들은 선조의 말에 기다렸

**정철(1536~1593)** 당쟁의 중심에 있던 서인의 영수였다. 선조에게 광해군을 왕세자로 책봉하라는 건의를 올렸다가 선조의 미움을 사 유배되었다.

다는 듯 동의했다. 불과 일 년 전 정철을 내칠 때와 전혀 다른 상황이 벌어진 것이다. 상황이 급박하긴 급박했나 보다. 신잡은 이현(동대문 부근)에 있던 광해군의 저택에 군사를 보내 호위해야 한다고 건의했다.

이튿날인 4월 29일 광해군이 세자로 책봉되었다는 사실이 공표되었다. 물론 화려한 책봉식은 기대조차 할 수 없었다. 왜군이 턱밑까지 올라와 있었다. 광해군은 왕세자로 지명되자마자 피란 보따리부터 꾸려야 했다.

## 선조, 배를 다 불태우고 임진강을 건너다

일부 대신은 임금 뵙기를 청하며 도성을 끝까지 지킬 것을 주장했다. 하지만 유성룡은 상황이 급박하므로 몽진이 불가피하다고 판단했다. 조정은 왕자들을 각 도에 파견해 근왕병을 불러 모아 후일을 도모하게 했다. 임해군은 함경도로, 순화군은 강원도로 갔다. 세자는 어가(御駕, 임금이 타던 수레)를 따라가게 했다.

밤늦게 '조만간 왜적이 도성에 다다를 것'이라는 이일의 장계가 도착했다. 광해군이 세자로 책봉된 다음 날 새벽, 선조는 군복으로 고쳐 입고 말을 타고 나섰다. 광해군도 선조를 뒤따라 경복궁을 나섰다.

신하와 군사 들은 모두 어디로 갔는지 왕을 따르는 자는 100명도 채 되지 않았다. 군사들은 이미 전날 밤 대부분 달아났다. 국왕 호위를 거부하고 달아난 군사 가운데 어떤 이는 대놓고 떠들었다. "임금(왜군 장수)이 올라오고 있으니 이제야 살았구나." 한양의 상인들도 왜군을 담담하게 맞이했다는 소문이 나돌았다. 선조를 따르던 신하들 가운데서도 이미 나라가 망했다고 여겨 도망하는 자들이 있었다.

조선의 성리학은 어디 갔는가. 충이니 효니 하는 것들은 다 어디로 갔을까. 내 몸 하나 건사하는 게 먼저다. 선조도 도망을 아니 갈래야 아니 갈 수가 없었다.

그날 밤, 비가 억수같이 퍼부었다. 길은 질척거렸고 한 치 앞도 분간하기 어려웠다. 『선조수정실록』에는 다음과 같이 기록되어 있다.

**화석정(경기 파주시)** 임진왜란 당시 의주로 피난 가던 선조가 한밤 중에 임진강을 건널 때 화석정을 불태워 주변을 밝혔다고 한다. 율곡 이이가 8세에 지은 시로 알려진 팔세부시(八歲賦詩)가 걸려 있다.

선조의 수레가 도성을 나서자 난민들이 노비 문서를 맡고 있던 장례원과 형조 관아에 불을 질렀는데, 이때 경복궁, 창덕궁, 창경궁 세 궁궐이 모두 불타 없어졌다.

경복궁 화재는 왜군이 저지른 일로 보기도 한다. 고니시 유키나가를 따라온 종군 승려의 일지인 『서정일기』에는 5월 7일 경복궁이 전소한 것으로 기록되어 있기 때문이다.

선조 일행이 고양의 석다리 앞에 도착하자 무서운 기세로 비가 내렸다. 벽제역에 도착할 즈음에는 일행 모두가 물을 뚝뚝 흘릴 정도로 흠뻑 젖었다. 왕실 사람들은 평생을 대궐에서 편안하게 호의호식해 왔다. 그러니

빗속에서 50km나 되는 진창길을 쉬지도 먹지도 못하고 이동한다는 게 얼마나 끔찍한 고통이겠는가.

선조는 임진강을 건널 때 명을 내렸다.

"왜군이 쫓아오지 못하도록 남아 있는 배는 모조리 불태우고, 뗏목을 만들지 못하게 가까운 인가는 모두 철거하라."

피란길이 막히는 바람에 수많은 백성이 왜적의 손에 죽어 나갔다. 6·25 전쟁 때 이승만 대통령이 서울 시민에게 "피란 갈 필요가 없다."라고 방송한 후 서울을 빠져나가면서 한강 다리를 끊은 것과 별반 다를 바 없는 상황이 벌어진 것이다.

임진강을 건넌 일행은 자정 무렵에 파주 동파역에 도착했다. 파주 목사 허진과 장단 부사 구효연이 임금과 여러 대신에게 올릴 음식을 어렵사리 장만했다. 하지만 온종일 아무것도 먹지 못한 마부와 하급 관리들이 부

**화석정에서 내려다 본 임진강** 선조가 화석정 건너편의 동파리로 건너갈 때 왜군이 쫓아오지 못하도록 주변의 배들을 모두 불태웠다고 전해진다.

억으로 뛰어들어 임금에게 올릴 음식마저 먹어 버렸다.

5월 2일에는 고니시 부대가, 5월 3일에는 가토 부대가 한양에 도착했다. 왜군은 당황해서 주춤했다. 일본 전국 시대 때 성주는 절대 도망가지 않았다. 싸움에서 지면 할복하거나 항복했다. 일본은 섬나라였기 때문에 더는 갈 데가 없었기 때문이다. 따라서 왜군은 왕이 있는 도성만 점령하면 전쟁이 끝난다고 생각했다. 조선 왕은 왜군의 예상을 깼다. 아무런 저항도 하지 않고 도망친 것이다. 왜군은 한양을 함락해 본거지로 삼고 약탈을 일삼으며 전열을 정비했다.

선조는 도망간 군주로 낙인찍혔다. 하지만 생각해 보라. 선조가 도성에서 끝까지 항전하다 죽었다면 조선이라는 나라는 사라졌을지도 모른다. 어쩌면 그때 조선은 일본이 되었을 수도 있다. 왕이 살아 있었기 때문에 나라의 명맥은 이어졌다. 선조가 도망간 것에 대해서는 다른 각도로 생각해 볼 필요가 있다.

## 선조, 평양성을 버리고 의주로 가다

1592년 5월 20일 선조는 평양에 머물면서 광해군을 왕세자로 책봉한다는 교서를 반포했다.

뭇사람들이 세자 혼을 추대하니 넉넉히 중흥의 운을 만들 수 있을 것이다. 왕위를 물려줄 계획은 오래전에 결정한 바다. 세자 혼에게 임시로 국사를 다스리게 하려 한다. 관직을 내리고 상벌을 시행하는 일을 스스로 결단하도록 하라.

평양에 있던 선조는 "끝까지 성을 지킬 것이다."라고 백성을 안심시켰다. 하지만 개성이 함락되고 적군이 계속 북침한다는 소식을 접하자, 또다시 도망치듯 평양성을 빠져나왔다. 윤두수, 이원익에게 평양성 방어를 맡겼지만 이들도 평양성을 왜군에게 헌납하고 도망 나왔다.

**평양도(서울대학교박물관)** 평양성과 인근 지역을 그린 지도다. 평양성과 성안의 구조를 자세하게 보여 준다.

선조는 최악의 경우 요동으로 넘어가 명에 의지할 생각을 신하들에게 비쳤다. 신하 대부분은 반대했지만 선조는 주장을 굽히지 않았다. 결국 명에 귀순할 의사를 타진했다. 명 조정은 고심 끝에 요동 지역 사령관 학걸에게 다음과 같은 지침을 내렸다.

"일단 왜군을 막는 데 최선을 다하도록 선조를 독려해라. 만약 선조가 요동으로 넘어오면 적당한 거처를 마련해 주어라. 다만 조선의 피란민이 함께 들어오는 것은 절대 금지해라."

전쟁에 승산이 없다고 여긴 선조는 세자에게 양위하고 요동으로 넘어가려 했다. 제 몸을 건사하려 백성은 뒷전이었다. 신하들은 선조의 양위를 반대했다. 양위에 동의하는 것은 불충이나 다름없었기 때문이다.

6월 14일 선조는 의주로 피란 가는 도중 평안도 박천에서 서둘러 광해군에게 분조(分朝)를 맡겼다. 조선 역사상 처음으로 왕의 권한이 나뉘는 상황이 벌어진 것이다. 의주의 행재소(行在所)를 '원조정(元朝廷)'이라 하고 세자가 있는 곳을 '분조'라 했다.

유성룡, 정철 등을 비롯한 대신들은 "선조가 요동으로 건너갈 경우 세자에게 양위해야 한다."라는 데 의견을 모았지만 감히 왕에게 하야를 촉구하지는 못했다. 반면, 세자의 활약 소식을 들은 젊은 신하들은 "세자 저하에게 왕과 나라의 일을 맡기시는 게 옳은 줄 아옵니다."라며 하야 상소를 노골적으로 올렸다. 선조는 이순신에게 느꼈던 열패감을 이번에는 세자에게 느꼈다.

## 요동행을 타진하는 선조, 의병 활동을 독려하는 광해군

임진강을 건넌 왜군은 3군으로 나뉘어 북상했다. 고니시 부대는 평안도 방면으로 침입해 평양을 점령하고 본거지로 삼았다. 가토 기요마사의 부대는 함경도로 침입했다.

함경도에는 임해군과 순화군이 파견되어 있었다. 두 왕자는 백성을 위무하고 근왕병을 모집하는 의무는 저버린 채 가는 곳마다 각종 물품을 요구해 백성의 원성을 샀다. 결국 철없는 왕자 임해군과 순화군은 반란을 일으킨 백성에 의해 포박되어 왜군에 넘겨졌다.

왕자들은 함경도에 들어가기 전에도 백성의 원망을 산 적이 있다. 임진왜란이 발발한 지 얼마 되지 않아, 선조 일행은 개성에 도착했다. 광포한 성격의 임해군과 임해군의 노비들은 마구잡이로 행동해 물의를 일으켰다. 몽진 직후에는 한양 난민들이 임해군의 집을 비롯한 왕자들의 궁을 모두 불태웠다고 한다. 이를 볼 때 당시 왕자들의 작폐(作弊)가 얼마나 심했는지 짐작이 가고도 남는다. 흥미롭게도 광해군의 집만 무사했다.

1592년 6월 21일 이순신의 승전 소식이 올라오자 조정은 뛸 듯이 기뻐했다. 다음 날 선조 일행은 의주에 도착했다. 몸이 약한 인빈 김씨 소생 신성군은 피란 중에 의주에서 병으로 죽고 말았다. 천붕(天崩, 임금이나 부모가 돌아가시는 것)인들 이보다 더할까. 광해군 대신 신성군을 후계로 염두에 두고 있던 선조는 하늘이 무너지는 듯한 기분을 느꼈다.

이순신이 이끄는 수군이 제해권(制海權)을 장악해 전라도에서 의주로 이어지는 연결로가 확보되었다. 하지만 한양과 전국 각지는 여전히 일본군으로 들끓고 있었다.

선조는 전란 수습에 앞서 명에 요동행을 다시 타진했다. 명 조정의 반응은 신통치 않았다. "부득이 오겠다면 인원을 100명 이내로 한정하라." 조선이 강군이라고 생각한 명은 조선의 파병 요청에 의심의 눈초리를 보냈다. 선조가 의주에 있을 때 명 조정은 진짜 선조인지 확인하기 위해 화공에게 선조의 초상화를 그려 오게 했을 정도였다.

명은 조선이 왜군의 손에 들어가면 왜군이 조선과 함께 명을 칠 것이라 우려했다. 당시 명은 수많은 왜구의 침입을 물리친 조선의 군사력을 대단히 높게 평가하고 있었던 것이다.

명은 선조 일행이 건너오지 못하도록 강가의 배들을 모두 건너편으로 옮기기까지 했다. 선조는 사실 확인을 위해 파견된 명 사신 황응양에게 구원을 요청했다.

"왜가 명을 치기 위해 우리에게 길을 비켜 달라고 요청했으나 이를 단호히 거절했더니 이 지경에 이르렀소."


한편, 광해군은 분조를 이끌고 평안도, 황해도, 함경도, 강원도 지역을 옮겨 다니며 군대와 백성을 위무하고 의병 활동을 독려했다. 7월에는 이천에 머물며 의병장 김천일로부터 의병 활동을 보고받고 항전을 독려하는 격문을 보냈다.

"나라의 존속이 그대들이 적을 죽이는 데 달렸으니 나라를 살리고 백성을 구하라."

**진주성(경남 진주시)** 광해군의 항전 독려로 의병을 일으킨 김천일은 한강 변의 여러 적진을 급습해 큰 피해를 주기도 했으나 제2차 진주성 전투에서 전사했다.

나주에서 의병을 일으킨 김천일은 수백 명의 의병을 이끌고 강화로 들어가서 조정과 호남 사이의 연락 업무를 맡았다. 김천일의 의병은 한강 변의 여러 적진을 급습해 큰 피해를 주기도 했다. 호남 의병을 대표했던 김천일은 몇 달 후 진주성에서 전사했다.

광해군은 이조 참의 이정암에게는 황해도의 연안읍성을 사수하라는 명을 내렸다. 이정암은 의병 약 500명을 이끌고 연안읍성에 들어갔다. 연안읍성은 황해도 지역 가운데 왜군에게 침략당하지 않은 유일한 성이었다. 당시 황해도에서는 구로다의 왜군이 여러 고을을 점령하고 온갖 약탈을 자행하고 있었다.

구로다는 5,000여 명의 왜병을 이끌고 연안읍성에 침입해 왔다. 이정암은 1592년 8월 27일부터 9월 2일 아침까지 밤낮 없이 싸워 마침내 구로다의 왜군을 물리쳤다. 이로써 강화도부터 의주의 행재소에 이르는 해상 교통로가 확보되었다.

한편, 파죽지세로 북상하던 고니시군은 이순신의 연승으로 주춤하고 있었다. 고니시는 보급이 끊길 것을 우려해 북상을 멈추고 평양성에서 장기전에 돌입했다.

### 신하들의 하야 상소가 도리어 광해군을 옥죄다

광해군은 왕이 되기 전에 철저히 자신을 단속했다. 자신을 드러내지 않았고, 그래서 왕이 되었다. 전란 중에는 군대와 백성을 위무하고 의병 활동을 독려했다. 아버지 선조가 요동으로 도망갈 생각을 하고 있을 때, 광해군은 현장에서 군량과 말먹이를 수집하고 운반했던 것이다. 자신의 안위보다는 나라의 안위를 위해 뛰었다.

광해군, 그는 자신이 왕세자가 된 이유를 누구보다 잘 알았다. 전란이 그를 왕세자로 만들었다. 광해군은 전란을 수습하는 것이 자신을 지켜줄 유일한 길이라는 것도 잘 알고 있었다.

젊은 신하들이 세자의 활약 소식을 듣고 광해군 앞으로 모여들었다. 선조에게는 하야 상소를 노골적으로 올렸다.

"세자 저하에게 왕과 나라의 일을 맡기시는 게 옳은 줄 아옵니다. 군국(軍國, 군무와 국정을 이르는 말)의 중요한 일은 모두 세자 저하에게 맡기심이 옳을 줄 아옵니다."

선조가 세자에게 느끼는 열패감은 점점 심해졌다. 이대로 허수아비 왕으로 주저앉고 말 것인가. 선조에게는 다행히도 상황은 새로운 국면으로 접어들었다. 명 황제가 조선에 원병을 파견하기로 한 것이다. 자신감을 얻은 선조는 승부수를 띄웠다. 1592년(선조 25년) 10월 19일 선조는 좌의정 윤두수에게 자기 생각을 비쳤다.

"나라를 위난에 처하게 한 군주가 어찌 보위에 머물러 있겠는가. 물러나고자 하니 좌상은 동궁과 함께 뜻을 펴도록 하시오. 다행히 명이 원병을 보낼 것이라 하니 아침에 옛 강토를 회복하게 되고 저녁에 죽는다 한들 애달프다 하리오."

윤두수는 화들짝 놀랐다. 자신을 떠보려는 것임을 어찌 모르겠는가.

"세자 저하께서 아시면 몸 둘 바를 몰라 하실 것입니다. 하교를 듣고 통곡이 터져 나옴을 가눌 길 없사옵니다. 부디 전교를 거두어 주시옵소서."

다음 날 선조는 한 걸음 더 나아갔다.

"군국의 기무를 세자에게 맡기라는 상소가 올라오는데, 내 생각도 그러하오."

대신들은 충성 맹세라도 하듯 다 함께 만류했다.

"다행히 전하의 힘으로 국난이 수습될 가능성이 높아지고 있는 이때 어이 신들이 전하의 명을 따를 수 있겠나이까. 차라리 죽여 주시옵소서."

보름 후 유생 남이순과 송희록이 또 망극한 하야 상소를 올렸다. 이번에도 선조는 양위 자작극을 벌였고 대신들은 만류했다.

평양 수복 후 명이 세자에게 하삼도(下三道, 충청도, 전라도, 경상도)의 군무를 보게 하라는 명령을 하달했을 때도, 정유재란이 발발했을 때도 선조는 어김없이 양위 자작극을 벌였다. 양위 파동이 한 달이나 지속되기도 했다. 나랏일을 하는 데 총력을 기울여야 할 조정은 양위 만류에 매달렸다. 선조는 양위 표명을 신하 길들이기의 수단으로 이용했던 것이다.

신하들이 하야 상소를 올릴 때마다 광해군은 두려움에 떨어야 했다. 하야 상소는 광해군에게 양날의 칼이었다. 광해군은 아버지의 질시를 피하기 위해 대전 앞에 엎드렸다. 여러 날 동안 끼니까지 거르며 명을 거두어 달라고 읍소했다.

### 홍순언, 기녀를 구한 인연으로 명의 파병을 이끌어 내다

쇠퇴기에 접어든 명이 파병을 결정하는 것은 쉬운 일이 아니었다. 하지만 명으로 간 조선 사신단은 황제에게서 파병 허락을 받아 냈다. 이때 큰 공을 세운 역관이 홍순언이다.

당대 최고의 역관인 홍순언에게는 특별한 사연이 있었다. 홍순언은 젊은 시절 통역관으로 북경에 간 일이 있었다. 그때 우연히 들른 기생방에서 한 아름다운 여인을 만났다. 홍순언은 여인이 울음을 멈추지 않기에 까닭을 물었다. 여인은 눈물을 훔치며 대답했다.

"저는 죽은 병부 상서의 딸입니다. 부친은 죄에 연루되어 무고하게 돌아가셨지요. 부친의 관을 고향으로 운반하려 하는데 돈이 없습니다. 몸을 팔아 돈을 마련하고자 합니다. 이후에는 평생 수절할 것입니다."

홍순언은 안타까운 마음이 들어 역관에게 허용된 교역 자금을 모두 털어 기생방 주인에게 주고 여인을 자유롭게 해 주었다. 홍순언은 한때 막강한 군권을 쥐었던 병부 상서의 딸을 취하는 것이 내키지 않았던 것일까. 아니면 외교관(역관) 특유의 감각으로 먼 훗날을 위한 보험을 들어 놓은 건 아닐까.

자유의 몸이 된 여인은 타고난 미모 덕분에 명 황제의 측근인 예부 상서 석성의 후실이 되었다. 석성의 부인은 자신에게 은혜를 베푼 홍순언이 명에 다시 오기만을 손꼽아 기다렸다.

1584년(선조 17년) 홍순언은 사신단 일원으로 북경에 갔다가 그 여인을 다시 만나게 되었다. 사신단의 목적은 명 조정의 문서에 태조 이성계의 아버지가 이인임이라고 되어 있는 것을 이자춘으로 옳게 수정하는 것이었다. 홍순언은 이 일을 관장하고 있던 예부 상서 석성의 도움으로 종계변무(宗系辨誣, 종가 혈통의 잘못된 점을 따져서 밝힘) 문제를 깔끔하게 해결했다.

석성의 부인은 홍순언을 불러 후하게 대접하고, 많은 비단과 수놓은 직물을 주어 은혜에 보답했다고 한다. 정재륜의『공사문견록』에 수록된 미담이다.


임진왜란이 벌어지자 홍순언은 다시 명으로 원군을 청하러 갔고, 병부상서가 된 석성은 명이 원군을 보내도록 도와주었다. 이에 명의 장군 조승훈은 5,000여 명의 국경 수비병을 이끌고 조선에 들어왔다. 조승훈은 고니시의 본거지인 평양성을 조선군 3,000여 명과 함께 공격하기로 했다. 1592년 7월 15일 조승훈 부대가 평양에 도착해 비바람이 심한 밤을 틈타 평양성을 공격했으나 도리어 적의 기습을 받아 대패했다.

한편, 석성은 유격장 심유경을 조선으로 보내 일본과 협상하게 했다. 9월 4일 심유경은 평양 부근에서 고니시와 만나 50일간의 휴전에 합의했다. 11월 26일에는 평양성으로 들어가 고니시에게 "포로로 잡힌 임해군을 석방하고 철수해 달라."라고 요구했다. 하지만 고니시는 "대동강을 경계로 명과 일본이 조선을 분할하자."라고 제안했다.

조선은 황제의 조칙을 받는 나라인데 명이 고니시의 제안을 받아들일 리 없었다. 심유경이 고니시와의 협상을 통해 휴전을 이끌어 내서 왜군은 평양성에 머물게 되었다. 그 덕분에 명과 조선은 천금 같은 시간을 벌수 있었다. 이때 정문부, 조헌 등의 의병이 일어났고, 진주성에서 대첩이 벌어지기도 했다.

고니시가 전쟁을 일사천리로 밀어붙였다면 조선은 무사하지 못했을지 모른다. 고니시는 임금이 도망간 한양에서도 머뭇거렸고, 협상에 매달리며 평양에서도 머뭇거렸다.

### 이여송이 자른 머리의 절반은 조선인 머리

조승훈의 1차 원병이 실패하자 명 조정에서는 파병 반대론이 일었다. 하지만 병부 상서 석성이 "우리의 울타리인 조선이 무너지고 요동까지 잃게 되면 북경도 안전할 수 있겠소?"라고 설득했다.

명은 화전양론(和戰兩論) 끝에 결국 대규모 파병을 결정했다. 명 조정은 송응창을 경략에, 이여송을 제독에 임명하고 5만여 군사를 파견했다. 경략과 제독은 각각 조선의 체찰사(體察使, 지방에 군란이 있을 때 임금을 대신해 그곳에 가서 일반 군무를 맡아보던 임시 벼슬로 보통 재상이 겸임함), 도원수(都元帥, 전쟁이 났을 때 군무를 통괄하던 임시 무관 벼슬)에 해당한다.

2차 원정에 나선 이여송은 1592년 12월 4만 3,000여 명의 군사를 이끌고 압록강을 건넜다. 1593년 1월에는 평양 근처에 이르렀다. 이에 순변사 이일과 별장 김응서가 관군을 이끌고 합세했고, 휴정 휘하의 승군 2,000여 명도 합세해 평양성을 공격했다.

조·명 연합군은 평양성의 칠성문, 보통문, 함구문의 세 곳에서 세차게 공격을 퍼부었다. 평양 전투는 화포와 조총의 맞대결이었다. 유성룡은 『징비록』에 "대포 소리에 땅이 진동하고 크고 작은 산들도 요동쳤다."라고 기록했다. 화포 공격을 감당하기 어렵다고 판단한 고니시는 내성에 불을 지르고 성을 빠져나와 얼어붙은 대동강을 건너 도망쳤다. 평양성 점령 6개월 만의 후퇴였다.

고니시 부대의 병사 수는 부산에 상륙했을 때에 비해 3분의 1로 줄어 있었다. 고니시는 밤낮으로 달려 황해도 배천(연백 지역의 옛 지명)에 도착했다. 황해도 해주를 근거지로 삼았던 구로다는 고니시를 먼저 후퇴하게 하고, 자신도 군사를 거두어 개성으로 철수했다. 함경도에 머물던 가토 기요마사 휘하의 왜군도 고립을 우려해 한양 쪽으로 철수하기 시작했다.

이 평양성 탈환에는 후일담이 있다. 이여송의 북병과 송응창의 남병 사

**「평양성 탈환도」(국립중앙박물관)** 평양성 전투에서 조선과 명의 연합군이 왜군이 점령한 평양성을 탈환하기 위해 싸우는 장면을 담고 있다.

이에 논공행상(論功行賞)을 둘러싼 갈등이 빚어졌다. 이여송이 북병에게 전공을 돌리자 남병들은 반발했다. "우리 화포 때문에 승리한 게 아니냐." 전투가 끝난 후 명 조정에 올라간 보고 가운데는 이런 것도 있었다. "이여송이 확보한 만여 명 적군의 머리 가운데 절반은 조선인입니다."

평양성을 탈환한 이여송은 그 길로 남진해 개성으로 다가갔다. 개성을 지키고 있던 고바야카와 다카카게는 구로다와 함께 한양으로 물러났다. 한양에는 함경도로 간 가토 부대를 제외하고 왜군 대부분이 집결해 있었다. 군사의 기세가 꺾여 있는 상황에서 60세의 노장 다카카게는 새로운 제안을 했다.

"쉽게 등을 보이면 적이 집요하게 공격할 가능성이 높으니 총반격해 기세를 꺾어 놓아야 한다."

**벽제관 터(경기 고양시)** 임진왜란 때 이여송이 이끄는 명의 원군과 왜군이 벽제관 남쪽 여석령에서 격전을 벌였다.

이여송은 별다른 저항 없이 퇴각하는 적을 가볍게 여기고 바로 뒤를 쫓아 한양으로 향했다. 왜군은 다카카게의 전술에 따라 한양 북쪽 40리 지점인 벽제관 남쪽 여석령에 매복하고 있다가 지나가는 명군을 유인해 급습했다. 벽제관 전투에서 기습을 받아 대패한 이여송은 더는 진격하지 못하고 개성으로 후퇴했다. 왜군의 기록에 따르면 이때 명군의 전사자가 만여 명이나 되었다고 한다.

유성룡이 "적에게 숨 돌릴 틈을 주면 안 됩니다."라고 종용했지만 명군의 기세는 이미 꺾인 후였다. 이여송은 더는 전투에 나서려 하지 않았다.

**선조, "왜군이 종묘와 왕릉을 훼손했는데 화친이라니."**

1593년 2월 12일 왜군은 행주산성에서 권율 장군에게 대패했다. 벽제관에서 승리한 후 사기가 충천할 때 겪은 패배라 왜군이 받은 충격은 컸다. 행주산성은 한양의 목전에 있는 성이었다.

도성에 머무르던 왜군은 보급로가 차단되어 전쟁 물자를 보급받지 못했고, 곳곳에서 일어난 의병 봉기로 수세에 몰렸다. 먹을 것은 물론 땔나무도 구할 수 없는 형편이었다.

결국 왜군은 한양에서 오도 가도 못한 채 죽음을 맞게 될지도 모른다는 불안감에 1593년 3월 조선과 명에 강화 회담을 요청했다. 선조는 이여송에게 화친은 부당하다고 주장했다.

"왜군이 종묘를 불태우고 왕릉을 훼손했소. 화친은 가당치도 않소."

선조는 살아 숨 쉬는 백성의 고통 때문이 아니라 숨 쉬지도 않는 종묘와 왕릉의 훼손을 화친 거부의 이유로 내세운 것이다. 하지만 이여송은 조선을 배제하고 일본 측과 강화 회담을 강행했다.

명 사신 심유경은 한양 인근에 도착해 일본의 두 장수인 고니시와 가토를 용산의 한 가옥으로 불러 회담을 열었다. 심유경은 회담을 시작하기에 앞서 그들을 순순히 굴복시키기 위해 사실을 과장해 말했다.

"이여송 장군이 현재 30만 명의 군사를 이끌고 내려오고 있다. 유일한 탈출로를 알려 줄 테니 그대들은 조선의 두 왕자를 풀어 주어야 한다. 그리고 당장 한양을 떠나 경상도 해안으로 가야 한다."

전쟁에서 패한 일본 장수들은 한양을 빠져나온 37명의 장수 이름으로 이 제안에 따르기로 약속했다. 명군도 일부 병력을 철수하고 강화 사절을 일본에 파견하기로 했다.

1593년 4월 19일 왜군은 심유경, 임해군, 순화군을 앞세우고 한양에서 퇴각했다. 서생포에서 거제도, 부산에 이르는 남쪽 해안 지역까지 내려갔다. 조·명 연합군은 4월 20일 한양으로 다시 돌아올 수 있게 되었다. 왜군에게 한양을 빼앗긴 지 일 년 만의 일이었다.

명군은 한양으로 오기 전날, 파주에서 유성룡과 마주쳤다. 유성룡은 이 자리에서 "만약 왜군에게 보복을 가해 사단을 일으키는 자가 있으면 참형에 처하라."라는 내용의 패문(牌文, 칙사에게 보내는 통지문)을 보았다. 유성룡은 분개하며 거부 입장을 분명히 했다.

"조선군이 왜군을 공격하지 못하게 하는 명령은 받아들일 수 없소. 이 패문은 백성이 원통해서라도 인정할 수 없을 것이오. 지금 추격해서 왜군이 다시는 반격하지 못하게 해야 하오."

이여송은 "한강에 배가 없지 않소."라는 궁색한 답변을 했다.

도체찰사 유성룡은 즉시 명령해 80여 척의 배를 모집하고 한강에 정박시켰다. 이여송은 어쩔 수 없이 동생 이여백에게 군사 만여 명을 붙여 배에 타게 했다. 명군을 믿을 수 없었던 유성룡은 각 도의 장수들에게 긴급히 명령을 하달했다.

"관군을 규합하고 의병과 합세해 왜군을 공격하라."

하지만 이여백은 처음부터 전투에 관심이 없었으므로 한강을 채 건너기도 전에 발이 아프다는 핑계를 대고 되돌아왔다. 심지어 왜군을 공격한 조선군 장수가 명군 지휘부에 끌려가 곤장을 맞는 사태까지 벌어졌다. 분통이 터진 유성룡은 그만 병석에 눕고 말았다.

왜군이 퇴각한 지 20일이나 지났을 때 평양에 머물던 명의 장수 송응창이 "왜군을 추격하라."라는 전갈을 보낸 일도 있었다. 조선 사람들은 한낱 뻔한 수작에 불과하다고 생각했다. 왜군이 퇴각한 지 거의 한 달이 지났는데, 이제 와서 추격이라니. 조선 사람들은 "왜군이 무사히 달아나기 위해 한양을 떠나기 전에 평양에 있던 이여송과 송응창에게 많은 뇌물을 보냈다."라며 명군을 강하게 비난했다.

## 경복궁을 떠났던 선조, 정릉동 행궁으로 돌아오다

1593년 4월 20일 입성한 이여송이 목격한 한양의 모습은 차마 말로 표현할 수 없을 정도로 처참했다. 종묘와 세 개의 궁궐은 이미 불타 버리고, 침략군이 본부로 사용했던 경복궁 남쪽의 성벽만 온전했다. 사방의 모든 땅이 불모지로 변했고, 백성은 참혹한 기근에 시달리고 있었다.

조정에서는 1,000가마의 쌀을 풀었다. 여기에 솔잎을 넣고 죽을 끓여 백성에게 나누어 주었지만 턱없이 부족했다. 굶주린 사내들은 서로 싸우다 상대방을 죽이고는 시체에서 골수를 빼 먹었다.

임진왜란의 참상을 적은 문서에는 빠짐없이 '사람을 잡아먹었다.'는 내용이 들어 있다. 『난중잡록』에는 "술에 취한 명의 병사가 길에서 토하자, 굶어 죽어 가던 사내들이 기어 와 토사물을 서로 차지하려고 아귀다툼을 벌였다."라는 기록도 있다.

**광희문(서울시 중구)** 서소문과 함께 시신을 내보내던 문이다. 수구문(水口門)이라고도 불린다.

전염병까지 나돌아 병으로 죽은 사람이 길거리에 가득했다. 한양과 외곽의 시체를 모두 거두어 수구문(水口門, 광희문) 바깥에 쌓았는데, 시체 더미의 높이가 담장 위로 3m 이상 올라갔다고 한다.

개성, 평양을 거쳐 의주까지 몽진했던 선조는 1593년(선조 26년) 10월 1일에야 한양으로 돌아왔다. 경복궁, 창덕궁, 창경궁이 모두 불탔기 때문에 선조는 눈물을 머금고 다른 거처를 찾아야 했다.

그나마 정릉동 월산대군의 집이 온전하게 남아 있었다. 선조는 월산대군의 집을 행궁으로 삼아 입주했다. 말이 행궁이지 너무 초라했다. 선조를 알현했던 명군 지휘관들이 "국왕의 처소가 저희가 머무르는 곳보다 더 누추해 몸 둘 바를 모르겠나이다."라고 말할 정도였다.

명 조정은 선조를 대신해 광해군이 전라도와 경상도 지역으로 내려가 군무를 관장하도록 종용했다. 몽진에만 열을 올린 선조보다는 광해군이 남쪽으로 내려간 명군을 제대로 지원할 것이라고 보았던 것이다.

광해군은 전라도와 충청도 일대를 돌며 병력을 모집하고 훈련했으며 군량을 모아 명군에게 공급했다. 이로써 광해군은 분조와 무군사(撫軍司) 활동을 하며 조선 팔도를 모두 돌아보게 되었다. 지방에서 직접 백성의 고충을 목격하면서 민심도 살필 수 있었다.

한편, 명이 "광해군은 부왕의 실패를 만회해 나라를 보전하고 전쟁의 상처를 치유하며 전쟁 준비를 다시 갖추도록 하라."라고 다그쳤을 때는 선조도 광해군도 곤혹스러웠다. 명의 말대로라면 선조는 나라를 버리고 도망이나 다닌 왕이었다. 광해군은 부왕으로부터 더욱더 질시를 받았다.

명이 선조와 광해군의 갈등을 부추기는 것은 '분리 지배(devide and rule)' 전략의 일환이라고 볼 수 있다. 이 전략의 1차 목표는 내부 균열이다. 최종 목표는 조선을 명에 예속시키려는 것이다.

부자간에도 공유할 수 없는 것이 권력이다. 신하 길들이기의 명수였던 선조는 걸핏하면 양위하겠다고 공표해 신하들의 충성심을 떠보았다. 임진왜란 동안에만 무려 15번이나 양위 소동을 벌였다. 광해군이 후계자로 떠오를 때마다 선조는 신하 길들이기로 대응했던 것이다. 광해군은 선조의 눈치를 보느라 모든 현안을 선조에게 보고한 후에야 처리했다.

## '조선의 햄릿' 광해군, 복수의 화신이 되다

광해군은 선조의 눈치를 보느라 성격이 우유부단해졌다. 또한 어쩔 수 없는 상황은 극단적으로 해결하려 했다. '조선의 햄릿' 광해군은 새어머니를 끌어내리고 동생과 형은 물론 재상 유영경까지 죽였으며 숱한 옥사를 직접 벌였다.

햄릿은 영국 문호 셰익스피어가 창조한 인물이다. 덴마크의 왕자 햄릿은 아버지를 살해한 숙부, 그와 결혼한 어머니를 보며 삶의 의미를 상실한 채 독백을 읊조린다.

존재하느냐, 존재하지 않느냐, 그것이 문제로다.

우유부단한 햄릿은 수많은 선택지 사이에서 방황하다 언제나 극단적인 방법을 선택한다. 햄릿의 우유부단함 때문에 주변 인물들은 모두 존재의 저 너머로 가게 된다. 숙부 클로디어스, 어머니 거트루드, 연인 오필리아, 오필리아의 아버지이자 재상인 폴로니어스, 오빠 레어티스, 심지어 햄릿 자신도 죽는다.

햄릿을 짓누른 방어 기제는 광해군도 짓눌렀다. 자아를 불안으로부터 보호하기 위한 이 현실 왜곡 전략은 광해군 정권에 영향을 미쳤다. 억압의 잘못된 분출, 그것이 광해군 정권의 한계였다. 광해군도 명분과 본심 사이에서 숱한 고민을 했다. 광해군의 본심을 누구보다 잘 읽은 이이첨은 광해군의 복수심에 불을 붙였다. 하지만 누군가가 내게 큰 잘못을 저

질렀다고 해서, 무분별하게 복수하는 것이 과연 온당한 일일까?

　정명공주의 삶 역시 방어 기제를 일으켜도 이상하지 않을 만큼 힘든 사건의 연속이었다. 이복 오빠의 손에 의해 서궁에 유폐되어 죽음의 고비를 넘겼고, 동생 영창대군의 죽음을 무력하게 지켜보아야 했다. 조카 인조에게 저주 의혹을 받아 죽음의 문턱을 숱하게 오르내리기도 했다. 하지만 정명공주는 광해군과는 달랐다. 서궁에 유폐되었을 때 이미 '화정(華政)'을 쓰며 자신을 다스렸다. 자연스럽게 주변을 움직여 주변은 물론 자신도 지켰다.

**목릉(경기 구리시)**

선조의 능이다. 선조는 세상을 떠나기 전 광해군에게 왕위를 물려준다는 내
용의 유서를 남겼다. 하지만 선조는 생전에 영창대군을 좋아했고, 유서 역
시 광해군을 대적하던 유영경에게 넘겨주었다. 선조의 엉거주춤한 태도로
인해 광해군은 왕위에 오르는 과정에서 숱한 우여곡절을 겪어야만 했다.

# 세자 광해군인가,
# 영창대군인가

## 광해군 즉위

### 선조, 이순신에 이어 광해군을 질시하다

고종의 밀사였던 호머 헐버트가 쓴『한국사』에 따르면 명 황제는 일본의 조선 침략에 제대로 대응하지 못한 책임을 물어 선조를 폐위하고, 유능한 장군을 왕으로 세우는 일을 검토했다고 한다.

하지만 조선에 우호적이었던 병부 상서 석성은 황제를 설득했다.

"조선 왕의 사치를 질책하고 그것이 왜군의 조선 침략을 부른 한 원인임을 지적하는 칙서를 보내는 선에서 사태를 마무리하는 것이 좋겠나이다."

명 황제는 석성의 의견을 받아들여 조선 왕에게 분발을 촉구하는 내용의 칙서를 보냈다.

명이 조선의 왕을 폐위하거나 세우는 일에 간섭한다는 것은 조선이 이미 속국으로서의 자주성도 상실했다는 것을 의미한다. 외국 군대의 침략

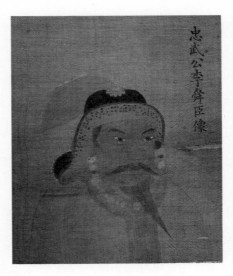

**이순신 초상(동아대학교박물관)** 현존하는 이순신 초상으로는 가장 오래된 작품이다. 조선 시대 무인의 기상이 잘 드러나 있다.

을 자초하고, 외국 군대를 끌어들인 후과(後果)다.

유성룡은 파주에서 황제의 칙서를 가지고 온 명 사신을 맞이했다. 명 사신은 자신이 한양에 도착하면 매우 중대한 사건이 일어날지도 모른다고 말했다. 유성룡과 대신들은 어떤 일이 있어도 왕이 퇴위하는 사태는 막아야 한다는 데 뜻을 모았다. 대신들이 관직을 유지할 수 있는 까닭은 전적으로 왕이 자리를 유지하고 있었기 때문이었다.

조정 대신들은 자신들의 생각을 명 사신에게 알리고 협조를 구했다. 혹시라도 왕이 칙서를 읽고 양위를 선언하는 경우, 사신이 즉각 나서서 "왕의 양위는 황제에게 서한을 보내 허락을 얻기 전까지는 불가하다."라는 견해를 밝혀 달라고 명 사신에게 요청했다.


　이렇듯 선조는 자신의 안위를 위해 피란길에 올라 위신을 떨어뜨렸다. 양위를 촉구하는 상소까지 올라올 정도였다. 양위 상소를 올리는 것은 평화로운 시기였다면 반역으로 몰릴 수도 있는 일이다. 반면, 삼도 수군 통제사로서 한산도 대첩에서 승리한 이순신은 삼도 백성의 신뢰를 한 몸에 받고 있었다.

　백성은 이순신을 얼마나 사랑했을까? 이순신은 전쟁에 완벽하게 대비해 23전 23승이라는 기적적인 승리를 이루었다. 이순신이 노량 해전에서 전사했을 때는 하삼도 전역에서 슬퍼하지 않는 이가 없을 정도였다. 하삼도의 군민 모두가 삼도 수군통제사 이순신을 믿고 따랐다. 이순신은 군량미와 군수 물자를 누구보다 잘 관리했다. 이순신이 마음만 먹었다면 썩은 조정을 갈아 치울 수도 있었을 것이다.

　선조는 이런 이순신에 대해 열패감을 느꼈다. 선조는 내내 도망가는 신세였고, 조정과 관군은 붕괴했으며, 민심은 왕으로부터 멀어졌다. 선조가 피신할 때 호위 인력은 100명도 되지 않았다. 일본군 장수를 왕처럼 받들며 자진해서 부역한 백성도 있었다.

　광해군은 아버지의 질시가 자신에게 향하리라는 것을 직감적으로 알고 있었다. 세상일이 언제 정해진 대로만 되던가. 사도세자가 죽었고 월산대군이 밀려났다. "내가 세자라고? 지금은 세자라는 이름만 보관하고 있을 뿐이다."

광해군의 고민은 깊었다. 아직 명에 세자 책봉도 받지 못하고 있었다. 이러니 여전히 부왕은 절대자였다. 또한 만백성의 바람을 한 몸에 안고 있던 이순신이 어떤 고난을 겪게 되었는지 광해군은 잘 알고 있었다.

"이순신을 반면교사로 삼아야 하는가." 선조는 명령 불복종을 이유로 이순신을 내쳤다. 단지 그 이유뿐일까. 이순신이 만백성의 우러름을 받은 게 죄라면 죄다. 이순신을 옹호했다는 이유만으로도 부왕의 미움을 받을 수도 있었다. 광해군의 머릿속에서 이순신이 백의종군하던 모습이 스쳐 지나갔다.

### '선'과 '선'이 싸우면 갈 길을 잃는다

선조의 출정 명령을 어긴 이순신은 1597년 2월 파직당하고 사형에 처할 위기를 맞았다. 이순신을 천거한 유성룡조차 선조에게 다음과 같이 말했다.

"성품이 강직해 뜻을 굽힐 줄 모르는데, 무릇 장수는 뜻이 차면 교만해지게 마련입니다. 이순신은 오랫동안 한산도에 머물며 별로 한 일이 없었고 이번에도 나서지 않았나이다."

이조 참판 이정형이 홀로 바른 소리를 했다.

"이순신이 '거제도로 나아가면 선박을 감출 데가 없는 데다 안골포의 적과 상대하고 있어 들어가서 지키기 어렵다.'라고 말했는데, 그 말이 합당한 듯합니다. 또 원균은 전쟁 초기에 강개해 공은 세웠지만 군졸을 돌보지 않아 민심을 잃었나이다."

우의정 정탁도 이순신을 변호했다.

"명장을 죽여서는 안 됩니다. 죽이기는 쉬워도 위급할 때 다시 살릴 수는 없기 때문입니다. 이순신도 생각한 바가 있어 나가 싸우지 않은 것으로 생각하옵니다."

정탁의 변호 덕분에 이순신은 간신히 죽음을 면했지만, 삭탈관직(削奪官職, 죄를 지은 자의 벼슬과 품계를 빼앗고 벼슬아치의 명부에서 그 이름을 지우던 일) 되어 도원수 권율 밑에서 백의종군하게 되었다.

**한성으로 압송되는 이순신(기록화, 현충사)** 이순신은 왜군을 적극적으로 공격하라는 조정의 명령에 불복종했다는 이유로 통제사 직에서 해임되고 한성으로 압송되었다.

이순신은 전략적으로는 올바른 판단을 했을지 모른다. 하지만 강직한 성품 때문에 선조의 명을 받아들이지 않아서 결과적으로 최악의 사태를 초래했다. 이후 원균은 삼도 수군통제사를 맡아 무리한 출정을 강행해 전선(戰船)을 거의 다 잃어버렸다. 이순신이 조정에 대해서도 전략적으로 판단했으면 어땠을까? 선조의 바람대로 이순신이 무력시위라도 해서 적의 상륙을 최대한 지연시켰다면 파직되는 상황은 피했을 것이고, 조선이 받는 피해도 최소화했을 것이다.

따라서 전선을 모두 잃어버린 것에 대한 책임이 원균에게만 있다고 할 수는 없다. 이순신은 이런 결과까지 예측했을 것이다. 이순신이 소신을 펼치려면 필요한 자리에 있어야 했다. 이순신은 원균을 누구보다 잘 알고 있지 않았던가.

선조가 한양으로 돌아오기 전에 이순신이 원균에 대해 장계를 올린 일이 있었다. 원균이 이순신에게 구원병을 요청해 옥포 해전에서 적을 물리친 후 이순신에게 두 사람 이름으로 장계를 올리자고 했다. 이순신은 "급할 게 없으니 천천히 올립시다."라고 말하고는 밤에 혼자 장계를 올려버렸다.

이순신이 혼자 장계를 올린 것은 지휘 체계의 혼선을 피하기 위해서였다. 이순신은 장계에 "원균이 군사를 잃어 의지할 데가 없었고, 적을 공격할 때도 이렇다 할 공이 없었다."라고 써서 원균을 깎아내렸다. 이순신은 자신이 파직되면 원균이 자신의 자리에 오를 것을 누구보다도 잘 알고 있었다. 그런데도 강직함을 조금도 굽히지 않아 이후 사태를 초래했다.

**명량해협** 전라남도 해남의 화원 반도와 진도 사이에 있는 좁은 해협으로 '울돌목'이라고도 한다. 이순신은 명량 대첩에서 12척의 함선과 120명의 수군으로 133척의 왜선과 대적해 31척을 격침했다. 〈진도군청 제공〉

이순신이 정명공주의 처세훈을 조금이라도 적용했다면 어땠을까.

다른 사람의 장점과 단점을 입에 올리고 정치와 법령을 망령되이 시비하는 것을 나는 가장 싫어한다. 내 자손들이 차라리 죽을지언정 경박하게 말하지 않았으면 좋겠다. 그런 말이 들리지 않기를 바란다.

선조의 말은 곧 법이다. 이순신이 법령을 시비하기에 앞서 법령을 듣는 척이라도 했으면 좋았을 것이다.

이순신은 병법에 따라 완벽하게 이기는 전투 조건을 만드는 데 주력했다. 지는 전투에는 나서지 않고 물러나 힘을 기르는 게 더 낫다고 보았다. 이것이 23전 23승의 비결이다. 이 불패의 명장도 작은 손실을 봄으로써 큰 손실을 피할 생각은 하지 못했다. 칠천량 해전에서 원균만 싸운 것은 아니다. 칠천량 해전의 조건을 이순신이 만들지 않았다고 말할 수는 없다.

나라를 잃을 뻔했던 게 원균 탓이고, 위정자 탓이고, 선조 탓이라고 단언하기에 앞서 생각할 게 있다. 물론 생명과 구조적 비리와 관련한 '명백한 악(惡)'에는 물러섬 없이 강직하게 대처해야 한다. 선(善)이 독야청청할 때도 문제는 있다. 이때 악은 갈 곳을 잃는다. 하지만 우리는 '악'을 경계하듯이 '선'도 경계해야 한다. 서로 선이라고 말할 때 선들은 충돌한다. '선과 악'은 '빛과 그림자'처럼 한 사물의 두 가지 면이다.

선조가 이순신에게 출병을 명령했을 때, 이순신이 출병을 거부했을 때, 선조와 이순신은 모두 자신이 선을 행하고 있다고 믿었다. 사실 세상에서 선과 악의 싸움은 드물다. 선과 선의 싸움이 대부분이다. 이럴 때 필요한 것이 자신을 향한 '빛나는 다스림'이다. 그러면 선이 선을 죽이는 상황을 막을 수 있다. 붕당에 찌든 조선에서는 알량한 명분으로 선이 선을 죽이는 일이 빈번하게 일어났다.

황윤길과 김성일, 김상헌과 최명길에게서 선과 선의 갈등을 발견할 수 있다.

임진왜란이 일어나기 얼마 전의 일이다. 일본에 통신사로 다녀온 정사 황윤길과 부사 김성일은 서로 다른 시각으로 보고했다. 황윤길과 서인은 일본이 조선을 침략할 것을 우려했고, 김성일과 동인은 침략 가능성을 받아들이지 않았다. 서로의 의견을 취합해 민심의 동요를 막고 만약에 있을 왜란에 대비해야 했지만, 양편은 단지 당이 다르다는 이유로 갈라섰다. 결국 조선은 왜란을 무참히 겪어야 했다.

이번에는 인조 때의 일이다. 남한산성에서 척화파 김상헌과 주화파 최명길은 서로를 비난했다. 김상헌은 인조에게 척화와 항전을 주장했다.

"반드시 먼저 싸워 본 후에 화친해야 한다. 만약 비굴하게 강화해 주기만을 요청한다면, 강화 역시 우리 뜻대로 이룰 가능성이 없다."

반면, 최명길은 강화의 의지를 분명히 했다.

"만고의 죄인이 될지라도 임금을 망할 땅에 둘 수는 없다."

인조는 처음에는 김상헌을 비롯한 척화파의 의견을 따랐다. 김상헌을 명분만 좇다 나라를 망치는 사람이라고 비난할 수 없듯이 최명길을 나라를 내준 사람으로 볼 수 없다. 두 사람 모두 소신껏 자신의 선을 행한 것이다. 선과 선의 싸움은 어땠을까? 이때도 두 파는 갈라섰고 조선에서는 병자호란이 일어났다.


### 광해군, 명 조정의 변덕에 분개하다

임진왜란이 끝날 무렵 조선 조정은 광해군의 세자 책봉을 승인해 달라고 명 조정에 계속 요청했다. 임진왜란 극복에 크게 이바지한 광해군은 당연히 승인을 받을 것으로 생각했다. 하지만 명은 광해군이 적자도 장자도 아니라는 이유로 세자 책봉 재가를 미루고 있었다. 1592년 선조가 몽진 중에 광해군을 세자로 책봉한 이후 13년에 걸쳐 다섯 차례나 책봉 주청사를 북경에 보냈지만 별 성과가 없었다.

명 조정이 재가를 미룬 까닭은 사실 따로 있었다. 당시 명 황제 만력제는 장자가 아니라 좋아하는 후궁의 아들을 황태자로 염두에 두고 있었다. 하지만 신하들은 장자를 황태자로 책봉할 것을 끈질기게 주청했다. 이러한 상황에서 명 신하들은 광해군을 세자로 승인했다가는 만력제에 반대할 명분이 없어지게 된다고 생각했다. 따라서 광해군을 세자로 책봉하는 것에 결사코 반대했던 것이다.

조선과 광해군을 길들이려는 의도도 엿보였다. 광해군은 명의 그런 처사에 속으로 분통을 터뜨렸다. 명 조정은 왜란 중에는 선조를 대신해 왕의 임무를 수행할 것을 당부해 광해군을 난처한 지경에 빠뜨렸다. 명군 지휘관들은 "왕세자가 영민해 국운이 융성할 조짐"이라고 입이 마르도록 광해군을 칭찬하기도 했다. 그런데 전쟁이 끝나자 장자가 아니라는 이유로 광해군의 앞길을 막았다. 광해군은 이미 이때 재조지은(再造之恩), 즉 '거의 망하게 된 조선을 구원해 준 명의 은혜'를 머릿속에서 지웠다.

## 51세의 선조, 행궁에서 19세 소녀와 재혼하다

전쟁 직후인 1600년(선조 33년) 6월 의인왕후가 세상을 떠났다. 이즈음에 예조에서는 세자 책봉 승인을 다시 요청하자는 상소를 올렸다. 선조가 못마땅한 듯 내뱉었다.

"그대들은 왕비의 자리가 오랫동안 비어 있는데도 왕비를 책봉해야 한다는 말은 한마디도 하지 않은 채 어찌 왕세자 책봉만 거론하는가.”

눈치 빠른 일부 신하는 선조의 마음이 이미 광해군에게서 떠났다고 판단하고는 부랴부랴 삼간택(三揀擇)을 시행했다. 선조는 1602년 51세 때 19세에 불과한 김제남의 딸을 두 번째 왕비로 맞아들였다.

이 여인이 바로 인목대비다. 그때 28세였던 세자 광해군은 새어머니보다 아홉 살이나 위였다. 27세의 세자빈은 자기보다 여덟 살이나 어린 시어머니를 모셔야 했다.

선조의 재혼은 광해군에게 큰 불안을 안겨 주었다. 선조는 신성군이 의주에서 죽기 전까지 신성군을 세자로 염두에 두고 있었다. 정철은 눈치 없이 광해군을 세자로 책봉하자는 건의를 올려 내쳐졌다.

인목대비가 아들이라도 낳으면 그때의 악몽이 재현될 것이다. 광해군은 두려웠다. 선조라면 능히 자신을 세자 자리에서 내몰고 적통 아들을 세자로 삼을 것이다. 불행 중 다행일까. 인목대비가 궁궐에 들어온 지 열 달 만에 낳은 아기씨는 왕자가 아닌 공주였다.

## 유영경, 영창대군에게 하례를 올리다

적자를 원하던 선조의 바람대로 1606년 인목대비가 영창대군을 낳았다. 평소 광해군을 달갑게 여기지 않았던 선조는 영창대군에게 왕위를 계승하고 싶었다.

왕의 의중을 짚어 내는 데 탁월한 능력을 보인 영의정 유영경은 갓 태어난 영창대군에게 하례(賀禮)를 올리기도 했다. 중궁전의 시녀들은 기세가 등등해졌다. 후궁들도 노골적으로 세자를 무시했다. 인목대비는 영창대군에게 격에 맞지 않게 세자처럼 옷을 지어 입혔다.

선조는 유영경을 비롯한 여러 신하에게 공공연히 "영창대군을 잘 부탁한다."라고 말했다. 급기야 북인은 영창대군을 지지하는 소북파와 광해군을 지지하는 대북파로 나뉘게 되었다.

영창대군을 지지하는 소북파는 광해군을 세자로 인정하지 않았다. 명으로부터 세자 책봉 승인을 받지 않았다는 이유 때문이었다. 심지어 영의정 유영경을 중심으로 영창대군을 세자로 옹립하려는 움직임도 있었다. 32세의 광해군은 어린 이복동생과 왕권을 놓고 다투는 사이가 되었다.

흔들림 없어 보이던 선조가 처음으로 병석에 누웠다. 1607년(선조 40년) 3월의 일이다. 그해 10월 방 밖으로 나오던 선조가 또다시 쓰러졌다. 이틀 후 견디다 못한 선조는 비망기(備忘記, 임금이 명령을 적어서 승지에게 전하던 문서)를 내렸다.

"이미 장성한 세자가 있으니 양위해야 하지 않겠는가. 그도 어렵다면 섭정할 수도 있을 것이다."

깜짝 놀란 유영경은 반대 의사를 굽히지 않았다. 그때 영창대군의 나이가 겨우 두 살이었다. 유영경과 중전의 바람이 하늘에 닿았던지 선조는 조금씩 기력을 회복하는 듯했다.

1608년(선조 41년) 1월 선조의 병세가 다시 악화하자, 보다 못한 정인홍이 나섰다.

"전하는 유영경 무리에 둘러싸여 개미 새끼 하나 의지할 곳이 없게 되었나이다. 장차 어진 아들을 어찌 보호하시려 하나이까."

정인홍이 누구인가. 유학의 실천을 강조한 조식의 수제자로서 58세의 나이에도 직접 의병을 일으킨 과단성 있는 '근본주의자'다. 임진왜란 당시 정인홍의 휘하에는 수천 명의 군사가 있었다. 관군은 이미 붕괴했고 각지에서 일어난 의병이랬자 수백 명에 불과했다. 이에 비해 정인홍의 군세는 실로 대단한 것이었다.

정인홍의 의병은 낙동강 수로를 차단하고 일본군의 왕래를 막거나 교란했다. 정인홍과 곽재우의 활약으로 경상우도(慶尙右道)가 온전할 수 있었기에 이순신이 원활하게 수군을 지휘할 수 있었고 곡창 지대인 전라도가 무사할 수 있었다.

훗날 곽재우는 물러나 앉아 있었지만, 정인홍은 현실 정치에 머무르며 자신의 주장을 펴 나갔다.

정인홍이 상소를 올린 직후, 광해군이 문안을 올리려 하자 선조는 내관에게 일렀다.

"명 황제의 승인도 받지 못한 자가 어찌 세자란 말인가. 물러가라고 이르라."

광해군은 얼른 달려와서 "지난번 갑자기 섭정의 명을 내리시기에 신은 죽으려 해도 죽을 수 없었나이다."라고 읍소했다. 광해군은 피를 토하고 쓰러질 지경이었다. 전쟁 중에 조정과 나라를 위해 전국 곳곳을 돌아다니며 고군분투한 것, 16년 동안 숨죽이며 지내 온 것은 아무 소용이 없단 말인가.

조정은 다시 기 싸움의 소용돌이에 휘말렸다. 유영경은 정인홍의 상소를 빌미로 물러나겠다고 자청했다. 병석에 있었던 선조는 유영경의 사직을 만류하며 정인홍을 반역자로 몰아붙였다.

"정인홍의 상소에 흉계가 숨어 있다는 것은 세상이 다 아는 사실이다. 왕이 있는데도 그의 눈에는 보이지 않는 모양이다. 하늘이 반역의 무리를 그냥 두지는 않을 것이다. 경은 안심하고 사직을 거두어라."

선조 자신이 바로 하늘이었다. 선조는 유영경에게 힘을 실어 주면서 정인홍과 그와 뜻을 같이한 이이첨은 귀양 보내라는 명을 내렸다.

그 직후인 1608년(선조 41년) 2월 1일 선조는 찹쌀밥을 먹은 후 몸을 가

**선조의 글씨(국립중앙박물관)** 선조가 쓴 당의 오·칠언시이다. 선조는 당대의 명필로 알려져 이여송 등 명의 장수들도 선조의 글씨를 얻고 싶어 했다.

누지 못하더니 숨을 거두었다. 향년 57세였다.

선조는 당대의 명필로 유명했다. 명군 제독 이여송은 선조를 핍박하면서도 그의 글씨는 갖고 싶어 했다고 전한다. 선조의 글씨는 17세기 이후 국왕 어필의 전형을 보여 준다. 정명공주 역시 선조의 피를 물려받아서인지 최고의 서예가로 평가받는다. 선조, 인목대비, 정명공주의 서예 작품은 모두 한석봉의 필법에서 영향을 받았다.

### 불사조 광해군, 결국 왕위에 오르다

선조의 유언장은 광해군에게는 양위 교서였다. 선조는 겨우 세 살인 영창대군에게 보위를 물려줄 수는 없었다. 하지만 선조의 양위 교서를 받은 유영경은 교서를 공표하지 않고 자신의 집에 감추어 버렸다.

대북파의 거두인 정인홍과 이이첨 등이 이를 알아내고는 선조에게 고해바쳤지만, 선조는 미처 처분을 내리기도 전에 죽고 말았다. 명의 허준을 불러들였지만 바람 앞의 등불 같은 선조의 목숨은 결국 꺼졌다.

선조가 눈을 감은 후 봉함된 유언장이 개봉되었다. 광해군에게 남긴 유서는 간단했다.

"형제 사랑하기를 내가 살아 있을 때처럼 하라. 참소하는 자가 있더라도 삼가 듣지 말라."

다급해진 유영경은 인목대비에게 주청했다.

"영창대군을 즉위시키고 당분간 수렴청정하셔야 합니다."

인목대비 입장에서는 장성한 세자가 버티고 있는데, 세 살배기를 앞세우며 수렴청정하겠다는 교지를 내릴 수 없었다. 역사에는 가정이 없다 하지만 만약 인목대비가 수렴청정을 시도했다면 정릉동 행궁에서는 세조 때보다 더 진한 피비린내가 진동했을지도 모른다.

인목대비는 이미 대세가 세자에게 기울었으므로 세자의 환심을 사는 게 낫다고 판단했다. 당시 인목대비는 25세, 광해군은 34세였다. 인목대비는 왕실 최고 어른이었지만, 아홉 살 많은 세자 광해군은 부담스러운 존재임이 확실했다. 광해군은 16년 동안 전장을 누빈 데다, 정치판에서는 산전수전을 다 겪은 인물이 아니던가.

게다가 선조는 적자인 영창대군에게 왕위를 넘기겠다는 어떤 언질도 주지 않았다. 선조가 그런 생각을 했다 하더라도 광해군에게 양위 교서를 내리는 것이 영창대군을 위하는 길이라고 생각했을 것이다. 선조와 인목대비의 결정은 일리가 있는 것으로 보인다. 유영경은 '죽기 아니면 살기'의 상황이었으니 모험을 한 것뿐이다.

모든 것을 내려놓은 인목대비는 교지를 내렸다.

"국사를 잠시도 비워서는 안 되니 바로 세자의 즉위식 준비를 하라."

광해군은 선조가 죽고 왕위에 오르기까지 그 짧은 기간에 온갖 우여곡절을 겪었다. 상황이 이렇게 된 데는 선조의 책임이 크다고 할 수 있다. 선조는 세자인 광해군이 왕위를 잇는 것에 동의하면서도 광해군에게 맞서는 소북파의 영수 유영경에게 영창대군을 맡겼다. 또 양위 교지를 유영경에게 전달하도록 해서 대북파와 소북파가 반목할 빌미를 제공했다.

즉위식은 선왕이 죽고 5일이 지난 후 치르는 게 관례였다. 죽은 후 5일

**목릉(경기 구리시)** 선조와 원비 의인왕후 박씨, 계비 인목대비 김씨의 능을 아울러 목릉이라 부른다. 사진은 선조의 능이다.

간은 혼이 육신으로 돌아올 수도 있다고 보았기 때문이다. 하지만 광해군은 선조가 죽은 다음 날 34세에 정릉동 행궁(이후 경운궁, 지금의 덕수궁) 즉조당에서 즉위했다. 광해군의 권력 기반을 불안하게 여긴 조정 신하들이 거듭 간청했기 때문이다. 1592년 전란 중에 왕세자로 지명된 지 16년 만의 일이다.

신하는 물론 백성도 경험 많은 새 왕의 탄생을 반겼다. 사람들은 전란 때 도망만 다니던 선조와는 달리 광해군이 전국 곳곳을 누비며 활발하게 분조 활동을 했다는 사실을 기억했다.

새로운 인물이 새로운 자리에 오르면 누구나 기대하게 마련이다. 대통령이 취임한 후에도 허니문 기간이 있다. 대통령 취임 후 100일에서 길게는 6개월간 야당이나 언론은 대통령에 대한 비판을 자제한다. 새로운 희망을 건드려 보았자 국민의 빈축을 살 수 있기 때문이다. 왕의 허니문 기간에 해당하는 말이 '신정지초(新正之初)'다. 새로운 정치의 시작을 의미한다. 과거의 아픔을 마약처럼 잊게 하는 기간이 신정지초다.

광해군이 즉위한 날은 1608년 음력 2월 2일이다. 광해군은 온갖 꽃이 흐드러지게 필 무렵에 즉위했다. 백성도 봄날 꽃처럼 희망에 부풀었다.

### 광해군, 소금 같은 군주를 꿈꾸다

광해군은 1575년(선조 8년) 공빈 김씨의 둘째 아들로 태어났다. 선조의 정비인 의인왕후 박씨는 아이를 낳지 못했으나, 선조의 마음을 사로잡은 공빈 김씨는 임해군과 광해군을 낳았다.

선조는 거의 매년 후궁으로부터 왕자를 얻었다. 인빈 김씨는 의안군·신성군·정원군을, 순빈 김씨는 순화군을, 정빈 민씨는 인성군을 낳았다. 적자가 없는 상황에서 선조의 후계자를 놓고 물 밑 암투가 벌어질 수밖에 없었다. 『선조수정실록』에는 후궁들의 갈등에 대한 기록이 있다.

공빈 김씨가 선조의 총애를 입어 다른 후궁들은 감히 끼어들 수조차 없었다. 광해군을 낳은 후 산후병으로 앓아눕게 된 공빈 김씨는 하소연했다. "다른 후궁들이 저를 원수로 여겨 제 신발을 가져가 신첩을 저주하는 바람에 이렇게 앓게 되었나이다. 그런데도 전하께서 조사를 명해서 밝히지 않으시니 제가 오늘 죽는다면 전하가 그렇게 하신 것이나 다름없지 않겠나이까. 하지만 죽어도 원망하지 않겠습니다." 공빈 김씨의 말을 들은 선조는 궁인들을 만날 때마다 사납게 대하게 되었다. 인빈 김씨가 선조에게 살갑게 다가가서 공빈 김씨의 묵은 잘못을 들추어냈다. 귀가 얇은 선조는 공빈 김씨를 애도하지 않게 되었고 "공빈이 나를 저버린 것 같다."라고 말하기도 했다. 그 이후 인빈 김씨가 선조의 특별한 은총을 받게 되었으니 이전에 비할 바가 아니다.

공빈 김씨는 광해군이 세 살 되던 해에 세상을 떠났고, 광해군은 자식이 없던 의인왕후의 손에서 자라났다. 광해군은 성격이 거친 임해군과는 달리 모범적으로 생활해 신하들의 신망을 얻고 있었다.

이렇듯 선조의 마음은 공빈 김씨에게서 인빈 김씨에게로 넘어갔다. 나중에 선조는 인빈 김씨 소생인 신성군을 후계자로 마음에 두게 되면서 갈등의 불씨를 남겼다.

그럼에도 광해군은 많은 사람의 눈에 매력적인 왕재(王才)였다. 『공사견문록』에는 광해군이 특유의 총명함으로 선조의 마음을 사로잡은 일화가 실려 있다.

선조가 여러 왕자에게 물었다.
"반찬감 가운데 으뜸이 무엇이냐?"
광해가 대답했다.
"소금입니다."
선조가 그 까닭이 무엇인지 되물었다.
"왜 소금이냐?"

광해는 자신 있게 대답했다.

"소금이 아니면 100가지 맛을 내지 못하기 때문입니다."

이번에는 선조가 광해 자신에 관해 물었다.

"그러면 너에게 부족한 것이 무엇이냐?"

광해는 머뭇거림 없이 대답했다.

"어머니가 일찍 돌아간 것이 마음에 걸릴 뿐입니다."


광해는 치도(治道)의 도리를 소금에 빗대 대답했다. 다른 왕자처럼 잡다한 고기반찬은 입 밖으로 꺼내지도 않았다. 소금은 반찬의 맛을 내지만 자신의 존재는 드러내지 않는다. 그런 소금을 자신에 빗대고 있는 게 아닌가. 게다가 광해는 선조가 잊고 있던 공빈 김씨에 대한 기억까지 일깨웠다.

이 기특한 말이 선조의 마음을 흔들었던 것일까. 광해는 형 임해군까지 제치고 세자가 되었다. 왕세자가 된 광해는 소금 같은 군주가 되리라 마음먹었다.

'빛과 소금'은 기독교 신자가 지녀야 할 본분을 나타내는 표현이다. 빛은 온전함을 좇는 삶을, 소금은 자기희생적인 삶을 나타낸다. 광해군은 자신의 존재를 희생해 백성을 위하는 정치를 하고자 했을지도 모른다. 빛과 소금은 다른 말이 아니다. 온전한 정치는 군주의 자기희생을 기반으로 한다.

광해군은 군주의 소양을 갖추기 위해 『소학』, 사서삼경 등 고전뿐 아니라 『고려사』, 『십팔사략』 등 역사서도 열심히 읽었다. 경연장에서 정책 토론을 벌일 때는 역사적 인물이나 사건을 인용하면서 문제를 해결했다. 조선의 선비들이 좌경우사(左經右史), 즉 '왼편에 사서오경을 놓고 오른 편에 역사책을 놓는 것'을 공부의 기본이자 정치의 도구로 삼았듯이 광해군도 그렇게 했다. 옳고 그름은 역사에서 확인할 수 있고, 잘못된 정치 는 역사를 통해 바로잡을 수 있다고 믿었기 때문이다.

'빛나는 다스림'은 마음에서만 나오는 게 아니라 과거를 보고 배우는 데서도 나온다는 것을 광해군은 이미 깨닫고 있었다.

## 광해군, 왕이 될 운명을 타고나다

광해군이 왕이 되는 데는 두 가지 어려움이 있었다. 첫째는 적자가 아닌 서자라는 점이고, 둘째는 첫째 아들이 아닌 둘째 아들이라는 점이었다.

서자라는 약점은 '우연'으로 사라졌다. 선조의 총애를 받았던 인빈 김 씨 소생 신성군은 임진왜란 때 의주 피란 중에 죽었다. 또한 정실인 인목 대비는 첫째 아기씨로 왕자가 아닌 공주를 낳았다. 이 첫째 아기씨인 정 명공주가 계집이 아닌 사내였다면 역사의 물줄기는 확연히 다른 곳으로 흘러갔을 것이다.

둘째 아들이라는 약점은 '성격'으로 없어졌다. 형인 임해군이 '포악하 다'는 평을 받았기 때문에 세자가 될 기회가 왔다. 임해군이 품성을 갖추 었다면 역시 조선사는 달라졌을 것이다. '성격이 운명'이라면 광해군을 두고 한 말일 것이다. 이렇게 부왕 선조의 견제에도 광해군은 왕이 되었다. 광해군은 마치 왕이 되도록 정해진 사람 같았다.

공빈 김씨의 집안은 한미(寒微)했다. 외할아버지 김희철은 사포서에서 궁중의 원포(園圃)와 채소에 관한 일을 맡아보던 사포였다. 사포는 정6품 벼슬이다. 김희철은 임진왜란 때 의병장으로 활동하다가 전사했다. 장인 유자신은 참봉 정도의 벼슬밖에 지내지 못했다. 이렇듯 광해군 주변에는 힘이 되어 줄 만한 인물이 없었다. 세자의 지위조차 항상 위태로웠다. 그런데도 광해군은 왕이 되었다.

이쯤 되니, 월산대군이 떠오른다. 월산대군은 광해군과 대조적인 삶을 살았다. 그는 세조의 '원손'이자 의경세자의 첫째 아들이다. 월산대군은 두 번이나 왕이 될 기회를 놓쳤다. 원손이었기 때문에 충분히 왕위에 오를 수 있었지만, 나이가 어려 작은아버지인 예종에게 자리를 넘겨주고 만다. 예종이 일찍 죽자 월산대군에게 다시 기회가 왔지만, 이번에는 한명회의 모략으로 동생인 성종에게 왕위를 내주었다.

광해군은 왕이 될 수 없는데도 왕이 되었고, 월산대군은 왕이 되어야 하는데도 왕이 되지 못했다. 운명이 이렇게 엇갈릴 수도 있다.


**정릉동 행궁, 경운궁으로 개칭하다**

후계한 왕은 졸곡(卒哭, 곡을 끝내는 의미로 지내는 제사) 후에 선왕이 쓰던 침전과 정전을 물려받는 게 왕실의 관례였다. 따라서 졸곡이 끝나면 인목대비는 여섯 살 된 정명공주와 세 살 된 영창대군과 함께 대비전으로 옮겨 가야 했다.

하지만 졸곡을 얼마 남겨 두지 않은 시점에 광해군은 "졸곡이 끝난 후 동궁으로 돌아가겠다."라고 말하며 동궁에 거처할 뜻을 밝혔다. "열성(列聖)이 거처하던 궁전은 원래 정한 곳이 없었다."라는 것이 명분이었다.

정릉동 행궁은 궁궐이 아닌 사가였기 때문에 궁궐과 배치가 달랐고, 규모도 왜소했다. 1594년 선조는 정릉동 행궁 주변에 목책을 두르면서 광해군의 동궁에도 급하게 목책을 둘렀다. 사가였지만 궁궐의 배치를 참고한 것으로 보인다. 동궁은 행궁의 동쪽에 있고, 인목대비 측이 옮겨 가기로 되어 있던 대비전은 행궁 뒤편에 있었을 것이다.

광해군은 즉위 후 행궁을 넓혀 지금의 정동 1번지 일대 대부분을 궁궐의 경내로 만들고 종묘를 중건했다. 1611년(광해군 3년) 10월 창덕궁을 보수해 거처를 옮긴 후 정릉동 행궁을 경운궁으로 불렀다.

광해군은 창덕궁에서 약 2개월간 살다가 다시 경운궁으로 거처를 옮겼고, 1615년 4월 다시 창덕궁으로 거처를 옮겼다. 1618년에는 인목대비를 '서궁'으로 격하한 후 경운궁에 유폐했다. 당시 경운궁 역시 서궁(西宮)이라 불렸다.

몸이 멀어지면 마음도 멀어지나 보다. 광해군은 서서히 인목대비를 소홀히 대하고, 정명공주와 영창대군을 박대하기 시작했다. 『계축일기』에는 광해군이 인목대비에게 제대로 문안조차 하지 않았다는 내용이 담겨 있다.

상감이 처음에는 하루 세 번 인목대비께 문안을 드렸다. 차차 한 달에 두 번 초하루와 보름에 문안을 드렸고, 이마저도 핑계를 대며 거르기 일쑤였다. 문안을 왔을 때 대비가 속마음을 드러내고 일가 걱정이라도 하면 상감은 자세히 듣지도 않고 "어떻게 되겠지요."라고 할 뿐이었다. 무슨 의논이라도 할라치면 손사래를 치며 듣지도 않고 일어나 휑하니 나가 버렸다.

이런 일이 벌어진 이후 상감은 한참 만에 문안을 드리러 왔다. 머무르기는커녕 앉은 듯 마는 듯하더니 일어나 자리를 떴다. 모자간에 무슨 말 한마디 있으리오.

## 분열의 상징을 봉합의 상징으로

정릉동 행궁은 어떤 곳인가. 신덕왕후의 한과 부처의 기가 함께 모여 있었던 곳이다. 임진왜란의 참변 속에서 선조는 월산대군의 집을 행궁으로 삼았다. 그곳에서 광해군이 즉위했다. 그리고 시대의 관찰자 정명공주도 태어났다. 고종은 아관 파천 일 년 만에 경운궁으로 환궁해 대한 제국을 선포했다. '그 무엇'이 그들을 끌어들이고 있었을까.

정릉동 행궁은 왕을 끌어들이는 것만으로는 만족하지 않았나 보다. 왕이 어머니를 가두고, 동생을 죽이고, 그것도 모자라 왕이 직접 끝없는 옥사를 벌였다.

정릉동 행궁이 경운궁이 된 후에는 이곳에서 고종이 일본에 나라를 내주었고, 타국 사람들이 모여 우리나라의 허리를 가른 미·소 공동 위원회가 열렸다. 미·소 공동 위원회는 1946년 1월 16일 덕수궁 석조전에서 한국의 신탁 통치와 임시 정부 수립을 위한 미·소 양국 대표 회의를 개최했다.

**덕수궁 대한문(서울시 중구)** 선조 때 월산대군 후손의 저택을 임시 행궁으로 삼았다가 광해군 때 경운궁이라 칭했다. 인목대비가 유폐된 당시에는 서궁으로 낮추어 부르기도 했다. 순종 때 덕수궁으로 개칭했다.

　왕위에 오르지 못한 월산대군의 애환이 서린 곳, 인목대비와 정명공주의 한이 서려 있는 곳, 일본에 나라를 내준 곳, 나라의 허리를 가르는 회의를 한 곳, 그곳이 경운궁, 지금의 덕수궁이다.

　'덕수궁'이라는 명칭에는 논란이 많다. 2011년에는 궁궐의 이름을 경운궁으로 되돌려야 한다는 측과 덕수궁으로 두어야 한다는 측 사이에 날선 공방이 있었다. 결국 고치지 않는 쪽으로 결론이 났다. 필자는 여전히 경운궁으로 바꿔 불러야 한다는 생각이다.

　순종은 일제의 권고에 못 이겨 고종이 있던 경운궁에 '덕수'라는 궁호를 내렸다. 일본 통감부는 고종을 강제로 퇴위시키고 순종을 창덕궁으로 옮기면서 경운궁을 덕수궁으로 바꾸었다.

덕수(德壽)에는 '선왕의 덕과 장수를 기린다.'는 의미가 담겨 있다. 국가 통치를 위한 궁궐에 통치자의 장수를 기리는 의미를 부여하는 것은 격에 맞지 않는다. '나라 운을 기린다.'는 뜻의 경운(慶運)이야말로 궁궐의 격에 맞는 이름이다. 국운을 바꾸기 위해서라도 본디 궁궐 이름을 되찾아야 한다.

정릉동 행궁이 역사 속에서 지녔던 많은 이름과 이 이름들에 대한 논란이 보여 주듯이, 정릉동 행궁은 분열의 상징이다. 광해군을 비롯한 조선의 왕들은 이 분열의 시대를 몸소 겪어 냈다. 이제 '선'과 '선'의 싸움이 빚어낸 분열을 봉합하는 것은 우리의 몫이다. 자신에게 향하는 '빛나는 다스림'이 절실하다.


## 유영경, 스스로 목을 매다

광해군이 즉위하면서 대북파가 정권을 잡았다. 대북파인 정인홍과 이이첨은 유영경을 탄핵했다.

"선조의 교지를 숨겨 나라를 혼란에 빠뜨렸으니 죄를 물어야 합니다."

유영경과 뜻을 같이했던 소북파도 목숨을 부지하기 위해 돌아섰다. 유영경을 처단하라고 주장한 인물 가운데는 유영경에게 아부하던 자들도 많았다. 사람들은 살아남기 위해 늘 강한 쪽에 붙게 마련이다. 유영경은 그제야 세상인심이 무엇인지 깨달았다.

처음에 광해군은 이에 응하지 않았다.

"유영경은 선왕의 옛 신하인데 어찌 죄를 물을 수 있겠는가."

하지만 신하들의 탄핵 요구가 계속 이어지자, 광해군은 유영경을 파직하고 경흥으로 유배를 보냈다. 그래도 처벌 요구는 그치지 않았다.

광해군은 어쩔 수 없다는 듯이 명을 내렸다.

"경들이 하루에도 몇 번씩 유영경을 처벌하라고 청하니 더는 거부할 수 없구나. 유영경이 스스로 목숨을 끊도록 해 백성의 노여움을 풀어 주어라."

최고의 권신도 세상이 바뀌면 언제 목이 달아날지 몰라 전전긍긍한다. 영창대군을 붙들고 '화려한 정치'를 꿈꾼 유영경은 쓸쓸히 역사의 뒤안길로 사라졌다. '일인지하 만인지상(一人之下萬人之上)'에 있었던 유영경, 그 영화를 언제까지고 붙들고 있으려 했던 유영경, 부질없는 권세를 놓지 못해 모든 것을 놓아 버렸다.

## 광해군, 형 임해군마저 죽이다

장자이면서도 세자가 되지 못한 임해군은 왜란 중에 포로가 되어 나라에 부담을 안겨 주었다. 전쟁이 끝난 후에도 여전히 말썽을 부렸다. 도망한 노비들을 자신의 재산으로 삼고 남의 땅을 강제로 빼앗았다.

명 조정이 장자를 세자로 삼아야 한다고 주장하는 상황에서 임해군이 얌전하게 행동하면 세자가 되기 위해 노력하는 것처럼 비치기 십상이다. 일부러 눈에 띄지 않기 위해 말썽이나 피우고 다닌 것일까. 하지만 말썽에도 지켜야 할 선이 있는 법이다. 임해군이 무인들과 어울려 다닌 일은 큰 화를 불러왔다.

1608년 2월 광해군 즉위 직후 대간들은 "임해군이 몰래 역당을 모으며 무사를 양성했나이다."라고 왕에게 고발했다. 이 소식을 들은 임해군은 여장한 채 도망 다니다가 붙잡혀 결국 옥에 갇히고 말았다. 도망을 간 게 오히려 자신의 죄를 인정하는 꼴이 되었다.

임해군의 종들도 붙잡혀 와서 고문을 받았다. 고문을 이기지 못한 어떤 종은 "무기를 땅에 묻었다."라는 말까지 토해 냈다. 정인홍은 임해군을 탄핵하는 상소를 올렸다.

"임해군이 사병을 키워 역모를 도모했으니 신료의 입장에서 벌을 청하지 않을 수 없나이다."

결국 광해군은 임해군을 역모 혐의로 강화군 교동에 가두고, 관계된 자는 모조리 잡아 죽였다.

옥사가 진행 중일 때 광해군의 즉위를 알리는 사신이 명으로 갔다. 명 조정에서는 사신을 추궁했다.

"차자(次子)가 왕이 된 이유가 무엇이오?"

이에 사신은 엉겁결에 궁색한 답변을 내놓았다.

"임해군이 병으로 양보했소."

여전히 의구심을 풀지 못한 명 조정은 조사단을 파견해 내막을 알아보도록 했다. 광해군은 임해군을 협박해 입단속을 시켰다.

임해군은 살기 위해 조정에서 시키는 대로 명 사신에게 말했다.

"전쟁 중에 일본군에게 잡힌 적이 있어 정신을 잃고 잘못된 행동을 했소. 게다가 중풍에 걸려 손발을 쓸 수 없소이다."

광해군은 명 사신에게 수만 냥의 은과 엄청난 양의 인삼을 뇌물로 주어 사건을 무마하려 했다. 1609년 3월에야 광해군은 명으로부터 책봉 조서를 받게 된다.

신하들은 다시 임해군을 처단할 것을 주청했다. 광해군은 짐짓 형제의 정을 보이는 척했다.

"형의 목숨을 살려 주어 명대로 살게 해 주고 싶은 마음뿐이다. 대의도 중요하지만 천륜은 더 중요하지 않은가."

임해군은 광해군을 지지하는 일부 대신의 주청으로 진도에 유배되었다가 다시 강화도 교동에 이배되어 위리안치(圍籬安置)되었다. 광해군의 속마음을 누구보다 잘 읽고 있던 이이첨이 나섰다.

1609년 5월 이이첨은 강화도 현감 이현영을 불렀다.

"나라의 큰 화근을 비밀리에 제거해 주시오."

이현영은 이이첨의 뜻에 따르지 않아 옥에 갇혔다.

임해군은 끝내 죽었다. 실록에는 새로 부임한 이직이 수하를 시켜 임해군에게 자살을 강요했다고도 하고, 교동 별장 이정표가 강제로 임해군에게 독을 마시게 했으나 거부하자 새끼줄로 목을 졸라 죽였다고도 한다. 임해군은 병으로 죽었다고 보고되었다. 하지만 인조반정 이후 임해군의 집에서 일하던 노비가 "새끼줄로 목 졸라 죽였다."라고 증언했다.

광해군은 별장 이정표가 임해군의 죽음을 즉시 보고하지 않았다며 조사한 후 죄를 다스리라고 명했다. 하지만 이정표는 처벌받기는커녕 광해군 3년에 경상도 좌병사를 거쳐 서울의 치안을 책임지는 포도대장이 되었다.

　임해군의 죽음으로 말미암아 광해군은 혈육의 죽음을 방조한 냉혈 군
주로 낙인찍히게 된다.

**성균관 문묘 명륜당 구역(서울시 종로구)**
정치와 사상의 대립이 극심했던 조선에서 문묘에 누구의 이름이 올라가느
냐는 매우 중요한 사안이었다. 정인홍은 자신의 스승인 조식의 이름이 문묘
종사에 빠지고 이언적과 이황이 오른 것에 불만을 품어 조식을 추앙하는 상
소 운동까지 벌였다. 이는 훗날 비극적인 폐모살제와 여러 차례의 옥사로 이
어졌다.

# 백성을 위한 정치인가
# 권세를 위한 정치인가

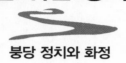

## 붕당 정치와 화정

### 동서 분당을 부른 이조 전랑 자리다툼

일국의 왕 앞에 놓인 과제는 절대 만만하지 않았다. 광해군은 전쟁으로 피폐해진 민심을 어루만지고 무너져 내린 국가의 기반을 다시 세워야 했다. 게다가 서자이자 둘째라는 약점을 딛고 왕권을 다져야 했다.

그러려면 먼저 조정을 장악해야 했다. 소북파 유영경이 영창대군을 끼고도는 바람에 광해군은 왕위에 오르지 못할 뻔하지 않았는가. 붕당 사이의 갈등을 조절하는 것, 이것이 광해군 앞에 놓인 첫 번째 과제였다. 선조는 이렇듯 아들에게 왕위와 함께 전란의 후유증과 붕당의 폐해까지 남겼다.

선조가 즉위했을 때의 일이다. 기묘사화 이후 물러나 있던 사림이 정계로 속속 복귀하기 시작했다. 명종이 불러도 고향에서 꼼짝하지 않던 이황도 선조가 즉위한 다음 달 예조 판서에 임명되었다. 조식의 수제자였던 정인홍은 이황을 신랄하게 비판했다. 시절이 하 수상할 때는 움직이지 않던 이황이 새로운 시대가 오자 몸을 일으켰기 때문이다.

반면, 윤원형 등 권신들은 몰락의 길을 걸었다. 선조의 등극으로 정계 일선에 복귀한 사림 세력은 영의정 이준경, 인순왕후 심씨의 동생 심의겸 등 기존 사림 세력과 갈등을 빚을 수밖에 없었다.

한편, 1572년(선조 5년) 2월 이조 전랑 오건이 자신의 후임으로 이황과 조식의 문인인 김효원을 추천했다. 김효원은 문과에 장원 급제한 수재로 신진 사류(士類) 사이에서 신망이 높았다. 하지만 이조 참의 심의겸은 "김효원은 윤원형의 식객 노릇을 하며 아부나 일삼던 자다."라는 이유를 들어 김효원이 이조 전랑 자리에 오르는 것을 반대했다. 결국 김효원이 낙마하자 오건은 관직을 내놓고 낙향해 버린다.

1572년 7월에는 노론의 영수 이준경이 죽기 전에 짧은 글을 올려 조정이 뒤집어졌다. '붕당의 조짐이 있으니 그 타파 방법을 마련할 것'이라는 글이었다. 명이나 조선처럼 제왕에게 권력이 집중된 나라에서 붕당은 원칙적으로 금지되어 있었다.

심의겸 일파를 제외한 모든 사림이 김효원의 결백을 인정해 마침내 1574년(선조 7년) 이조 전랑에 임명되었다. 이조 전랑은 비록 정5품 관직에 불과했지만 인사권을 가지고 있어 권한이 막강했다. 정3품인 당상관도 이조 전랑을 만나면 말에서 내려 인사할 정도였다고 한다. 따라서 이조 전랑을 어느 편으로 끌어들이느냐에 따라 권력의 지형이 완전히 바뀔

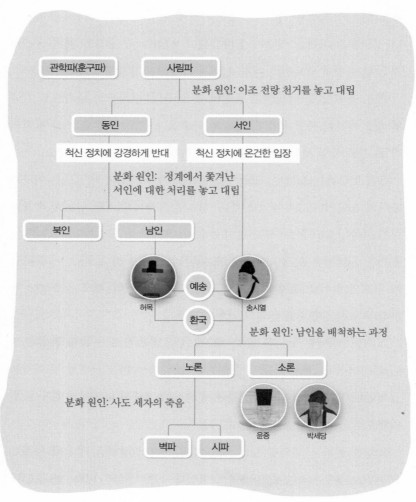

붕당의 전개 흐름도

수 있었다.

이조 전랑 김효원은 심의겸을 가리켜 "미련하고 거칠어서 중용할 데가 없다. 정치 일선에서 물러나야 할 외척의 무리에 불과하다."라며 모욕을 주었다. 이에 심의겸 일파는 "김효원은 윤원형의 일파나 다름없는 무뢰배"라고 비난하는 상소를 올렸다.

고심하던 선조는 얼마 후 김효원을 다른 부서로 옮겼다. 김효원의 후임으로는 심의겸의 아우 심충겸이 거론되었다. 김효원은 후임 추천권을 활용해 "이조 전랑이 외척 집안의 물건이냐?"라면서 이중호의 아들 이발을 자신의 후임으로 올렸다.

심의겸을 지지하는 기성 사림과 김효원을 지지하는 신진 사림의 대립은 '동서 분당'으로 이어졌다. 김효원은 서울의 동쪽에 있는 건천동(오늘날의 을지로 4가와 충무로 4가 사이)에 살았기 때문에 김효원 일파는 '동인'이라 불렸다. 심의겸은 서울의 서쪽에 있는 정릉동에 살았기 때문에 심의겸 일파는 '서인'이라 불렸다.

서인은 척신(戚臣, 임금과 성이 다르나 일가인 신하) 정치에 온건한 입장을 보였고, 동인은 강경한 입장을 보였다.

1980년대에도 동네 이름이 정치 집단을 지칭한 적이 있다. 동교동계는 김대중을, 상도동계는 김영삼을 영수로 하는 정치 집단을 의미했다. 동교동에는 김대중의 집이, 상도동에는 김영삼의 집이 있었기 때문이다. 지역 이름을 정치 집단의 이름으로 사용한 것은 붕당 정치와 비슷하다. 문제는 출신 지역에 따라 의견이 첨예하게 달랐다는 것이다. 이에 따라 국론이 분열되었다.

동교동계와 상도동계가 민주화를 이끈 동지였듯이 서인과 동인도 본래 성종 이후 훈구파와 맞선 같은 사림파였다. 고생 끝에 사림의 세상이 온 듯했으나 이제는 사림끼리 대립하게 되었다.

젊은 사림 대부분이 동인에 포진하고 있었다. 노장파(老壯派)인 서인은 수적으로 열세였다. 동인에는 서경덕의 제자 허엽, 이황 문하의 유성룡·김성일, 조식 문하의 정인홍, 호남의 문인 이발 등이 있었다. 서인에는 주로 이이와 성혼의 문인인 윤두수, 정철 등이 있었다.

동인과 서인은 학문적인 뿌리도 달랐다. 동인은 이황과 조식의 제자들로 이루어진 경상도 중심의 영남학파였고, 서인은 이이와 성혼의 문하들로 이루어진 경기도 중심의 기호학파였다.


## 광해군, 붕당의 조정자를 자임하다

선조는 사림이 단결하는 것보다 붕당으로 갈라져 대립하고 있는 편이 더 바람직하다고 생각했다. 강한 왕권을 바탕으로 당파의 세력 균형을 꾀할 수 있다고 판단한 것이다.

이이가 죽자 조정은 동인과 서인으로 갈라져 다투기 시작했다. 조정은 먼저 붕당을 형성한 동인이 장악했다. 붕당의 단추가 한번 잘못 끼워진 이래로, 당쟁은 조선이 저물 때까지 300여 년에 걸쳐 끊이지 않고 일어났다. 외척과 척신 세력이 사라지면서 세상이 바뀌나 했더니 붕당 정치라는 또 다른 폐단이 나타난 것이다.

사림이 동인과 서인으로 갈라져 붕당 정치가 심화된 시기에 정여립은 이해하기 어려운 행동을 했다. 정여립은 본래 이이의 문인으로 서인이었지만, 이이가 죽은 후 동인이 정권을 잡았을 때 동인에 가담했다. 정여립이 서인에서 동인으로 옮겨 간 것은 동인의 영수 이발의 직선적인 성격이 자신과 잘 맞았기 때문이다.

"천하는 일정한 주인이 따로 없는 공공의 물건이다. 어찌 정해진 임금이 있겠는가? 누구라도 임금으로 섬길 수 있다. 요, 순, 우임금은 서로 보위를 넘겨주었으니 성인이 된 것 아닌가?"

정여립은 당시로서는 도무지 받아들일 수 없는 혁신적인 사상을 부르짖었다. 왕은 하늘이 내려 주고 핏줄을 통해 전해진다는 생각이 일반적이었던 조선 시대에 말이다.

서인의 미움을 사게 된 정여립은 벼슬을 버리고 전주로 내려가 터를 잡았다. 진안군 죽도에 서실(書室)을 차려 놓고 사람들을 규합해 '대동계'라는 단체를 조직했다. 대동계의 동정에 주목하고 있던 황해도 관찰사 한준은 1589년(선조 22년) "정여립 일당이 겨울에 한강이 어는 것을 이용해 한양을 공격하려 한다."라고 조정에 알렸다.

정여립 모반 사건을 계기로 서인이 정국을 주도하게 되었다. 동서 분당 이후 조정을 장악하고 있었던 동인은 뒤로 물러났다. 동인인 이발이 정여립과 가깝다는 이유만으로 처형되는 등 동인 세력이 크게 약해졌다. 이를 '기축옥사'라고 한다. 권력 변화의 중심에는 서인의 영수인 정철이 있었다.

우리는 정철이 어떻게 되었는지 이미 알고 있다. 정철은 광해군을 왕세자로 세우려다 선조의 미움을 받아 파직당했다. 동인 일부는 정철과 서인을 엄히 다스리자고 주장했으나, 다른 한쪽에서는 그렇게까지 할 필요는 없다고 맞섰다.

서인인 정철에 대한 처리를 놓고 동인이 다시 나뉘었다. 동인은 강경한 입장을 보인 '북인'과 온건한 입장을 보인 '남인'으로 갈라졌다. 북인의 대표적인 인물로는 서경덕의 문인 이산해와 조식의 문인 정인홍이 있었고, 남인의 대표적인 인물로는 이황의 문인 유성룡이 있었다.

동인의 분열에는 이황의 제자들과 조식의 제자들 사이에 있었던 뿌리 깊은 갈등도 한몫했다. 조식의 수제자 정인홍은 이황과 유성룡을 낮춰보고 있었던 것이다.

1606년 적자를 원하던 선조의 바람대로 인목대비가 영창대군을 낳았다. 급기야 북인은 영창대군을 지지하는 '소북파'와 광해군을 지지하는 '대북파'로 나뉘었다. 이이첨, 정인홍 등이 대북파에 가담했다. 이들은 선조가 죽기 직전에 상소를 올려 광해군을 지지했다.

유희분, 박승종, 남이공 등이 소북파다. 유영경 일파도 원래 소북파에 속하지만 선조와 특히 가까웠기 때문에 따로 '유당'이라 불렸다. 유당은 광해군 재위 초에 대부분 제거되었다.

정인홍과 이이첨은 선조 말기에 유영경과 맞서 광해군을 옹립하는 데 공을 세웠고, 광해군의 처남으로 권세를 누렸던 유희분은 광해군 즉위 이후 임해군을 제거하는 데 앞장섰다.

광해군은 1608년(광해군 1년) 2월 23일 비망기를 내려 "당파 구분 없이 어진 인재만 발탁해 시대의 어려움을 헤쳐 나가겠다."라고 천명했다. 이런 인사 원칙에 따라 광해군은 북인의 불만에도 정치적 색채가 뚜렷하지 않은 남인 이원익을 영의정에 임명했고, 이항복과 이덕형도 중용했다. 하지만 실권은 이이첨을 비롯한 대북파와 광해군의 처남 유희분에게 있었다.

광해군의 정책은 어느 정도 효과를 거두어 재위 초에 빠르게 정국이 안정되었다. 광해군이 수립한 연립 정권은 전쟁으로 피폐해진 민생을 회복하고 무너져 내린 국가 기반을 다시 세우는 데 밑받침이 되었다.

### 사림과 정인홍의 대결, 폐모살제를 예고하다

붕당의 뿌리는 이황과 조식이다. 이황과 조식은 모두 현실 정치를 비판했지만, 성리학에 대한 견해는 달랐다. 이황은 주자학을 받아들이고 이론에 천착했지만, 조식은 성리학 외에도 노장사상에 포용적이었고 학문의 실천을 강조했다. 이황이 '인생의 달인'이었다면, 조식은 '실천의 달인'이었다.

"성인의 뜻은 이미 앞서간 학자들이 다 밝혀 놓았다. 그러니 지금 학자들은 모르는 것을 걱정할 것이 아니라 알고 있는 것을 실천하지 못하는 것을 부끄럽게 여겨야 한다."

조식의 가르침은 제자들에게 큰 울림을 주었다. 조식의 제자 가운데는 임진왜란 때 의병으로 활약한 홍의 장군 곽재우와 합천에서 의병을 일으킨 정인홍이 있다. 이들은 스승의 가르침을 받들어 나라가 위기에 처했을 때 주저 없이 의병을 이끌었다.

정인홍은 광해군에게 중요한 신하였다. 광해군이 전란 수습을 위해 분조를 이끌고 군대와 백성을 위무하고 의병 활동을 독려했을 때 정인홍도 의병장이 되어 왜군과 싸웠다. 게다가 광해군이 위기에 처했을 때 정인홍은 목숨을 걸고 상소를 올려 큰 힘이 되어 주었다.

정인홍은 광해군이 벼슬을 내려도 향리에 머물렀다. 한말의 애국지사 황현은 『매천야록』에서 정인홍을 조선 산림(山林, 학식과 덕이 높으나 벼슬을 하지 아니하고 숨어 지내는 선비)의 원조로 지목하기도 했다.

국왕이 불러도 조정에 나가지 않고, 나아가더라도 조정의 행태가 자신의 이상과 다르다고 생각하면 주저 없이 향리로 내려앉았다. 하지만 산림의 명망은 국왕 못지않아 '열 정승이 한 사람의 왕비만 못하고, 열 왕비가 한 사람의 산림만 못하다.'는 말까지 생겨났다.


대북파 정인홍이 이황을 배척한 사건으로 당쟁은 새로운 양상을 띠기 시작했다. 1610년(광해군 2년) 9월 문묘 종사(文廟從祀)에 김굉필, 정여창, 조광조, 이언적, 이황 등 5현을 올리는 의식이 거행되었다.

일찍이 중종 때 조광조가 스승 김굉필을 정몽주와 함께 문묘에 종사할 것을 청한 적이 있었다. 비록 정몽주만 종사되었지만 정몽주로부터 비롯된 사림의 학맥은 자타가 공인했다.

선조 때는 기대승이 경연장에서 김굉필, 정여창, 조광조, 이언적의 문묘 종사를 청했는데, 마침 이황이 죽으면서 5현 종사에 대한 논의가 시작된 것이다. 광해군이 5현 종사를 전격 수용함으로써 성리학의 계보는 정몽주, 길재, 김종직, 김굉필, 정여창, 조광조, 이언적, 이황으로 이어진다.

대북파의 핵심 인물인 정인홍은 문묘 종사에서 자신의 스승인 조식이 빠지고, 오히려 조식이 생전에 선비로 여기지 않았던 이언적과 이황이 오른 것에 대해 불만을 터뜨렸다. 정인홍은 '회'재 이언적과 '퇴'계 이황을 배척하는 상소인 「회퇴변척소」를 올렸다.

"이언적과 이황은 진퇴가 분명하지 않은 몰염치한 자로서 선비라고 부르기도 아까운데 문묘에 종사했으니 참으로 통탄스럽나이다. 이황은 벼

**성균관 문묘** 공자와 여러 성현들의 위패를 모시고 제사를 드리는 사당이다. 성균관에서 관장한 문묘는 제향을 위한 공간일 뿐만 아니라 유생들이 공부하는 유교의 중심 공간이기도 하다. 사진은 대성전 구역이다.

슬할 것 다하고 누릴 것 다 누린 인물이고, 이언적은 높은 벼슬을 누리면서 을사사화 때 절의를 지키지 못한 위인입니다."

정인홍의 주장에 분노한 성균관 유생들은 유생 명부인 『청금록(靑衿錄)』에서 정인홍의 이름을 지워 버렸다. 정인홍을 변호하던 광해군은 유생들의 유적(儒籍)을 삭제하고 과거를 볼 수 없도록 했다. 이에 발끈한 유생들은 집단으로 성균관을 비우고 떠나 버렸다. 대신들까지 유생 편을 들자 광해군은 마지못해 유생들에 대한 처벌을 거두어들였다.

영창대군과 결탁한 유영경은 광해군, 정인홍, 이이첨에 맞서 권세를 이어가려 했다. 정인홍은 선조의 뜻을 거스르면서까지 상소를 올려 광해군을 옹호했다. 정인홍의 상소는 결국 자신은 물론 스승인 조식까지 배척

『**청금록**』 유생들의 인적 사항을 기록한 명부다. 성균관, 사학, 향교, 서원 등에 비치되어 있었다. '청금'은 '푸른 옷소매'란 뜻으로 유생들을 지칭한 용어다.

당하게 하는 상황을 불러왔다.

정인홍은 이후에도 조식을 추앙하기 위해 상소 운동을 펼쳤다. 조식을 추존하기 위한 서원 건립과 조식의 문묘 종사를 탄원하는 상소였다. 정인홍의 제자를 자처한 이이첨이 적극적으로 나섰다.

이이첨은 서울의 북한산 자락 창의문 부근에 서원을 세우려고 시도하다 지역 사림의 반발에 부딪쳤다. 하지만 결국 백운 서원을 짓고 광해군의 현판까지 받아 냈다. 조식을 문묘에 종사하는 일은 실패했다.

이이첨은 정권을 주도하는 위치에 있었지만 권력만으로 사림을 움직일 수 없다는 사실을 깨달았다. 이이첨은 광해군과 밀착해 사림을 누르는 것만이 자신이 살 길이라고 여겼다. '폐모살제'의 비극과 피를 뿌리는 옥사의 막이 오른 것이다. 이후 이이첨과 이이첨을 따르는 대북파에 의해 계축옥사, 해주옥사 등이 줄줄이 이어졌다.

많은 사람이 이이첨은 원래부터 악의 축이었다고 생각한다. 아니다. '선(善)'이 선을 밀어내자 밀려난 선이 '악(惡)'으로 변했다고 보는 게 더 타당하다.

조선 사회에서 선과 선이 부딪쳤을 때는 어느 한쪽이 결국은 죽어야 했다. 살아남기 위해서는 악으로 변신할 수밖에 없다. 하지만 이 악순환을 깨는 방법이 있다. 한 걸음 물러나 상대가 움직일 여지를 주는 '빛나는 다스림'이다.

정인홍은 자신의 주장이 받아들여지지 않을 경우에는 미련 없이 사표를 던지고 향촌으로 내려갔다. 1618년(광해군 10년) 인목대비 폐위 논란이 일고 있는 와중에 영의정 자리에서 물러나 합천에 머무를 때도 마찬가지였다. 광해군이 사람을 보내도 합천을 떠나려 하지 않았다.

정인홍은 불의에 타협하지 말라는 스승 조식의 가르침을 실천하는 과정에서 많은 적을 만들었다. 근본을 부르짖으면 과격하다고 배척당했다. 정인홍의 근본주의적인 행동은 상대편이 반대 세력을 결집하는 빌미를 제공했다. 정인홍은 1623년 인조반정 직후 89세의 나이로 참형되었고, 재산은 모두 몰수당했다.

화정(華政)에 기대어 정인홍을 살펴보자. 정인홍은 자신뿐 아니라 타인에게도 엄격한 기준을 적용했다. 하지만 다른 사람 마음이 내 마음과 같을 수는 없다. 화정이 추구하는 조화의 원칙에 따랐다면 정치적 표적이 되지 않고도 세상을 바꿔 나갈 수 있었을 것이다. 반정도 피할 수 있었을 것이다. 정인홍의 근본주의적 방식은 자신을 드러내지 않고 주변을 움직인 정명공주의 방식과 극명하게 대조된다.

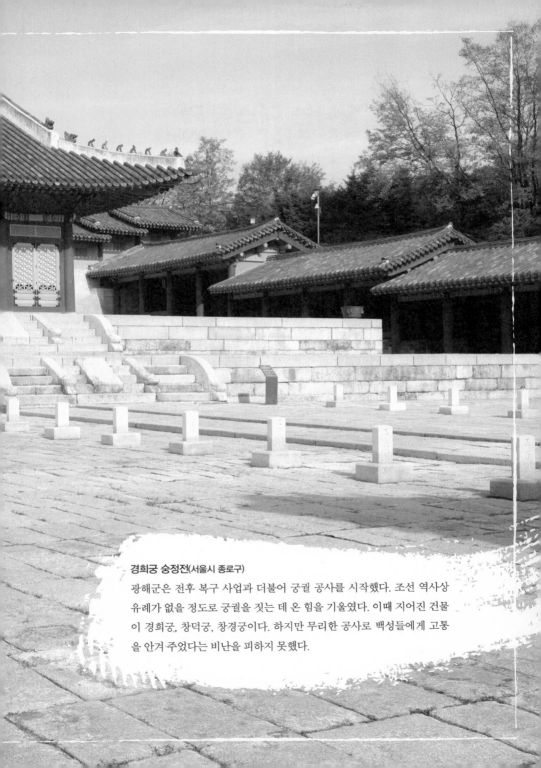

**경희궁 숭정전**(서울시 종로구)

광해군은 전후 복구 사업과 더불어 궁궐 공사를 시작했다. 조선 역사상 유례가 없을 정도로 궁궐을 짓는 데 온 힘을 기울였다. 이때 지어진 건물이 경희궁, 창덕궁, 창경궁이다. 하지만 무리한 공사로 백성들에게 고통을 안겨 주었다는 비난을 피하지 못했다.

# '빛나는 다스림'과
# '화려한 정치' 사이에서

## 대동법과 궁궐 영건

### 전란 이후 삶과의 전쟁이 시작되다

임진왜란으로 말미암아 조선의 인구는 급격히 줄었고, 토지는 황폐해졌다. 전쟁을 치르는 동안 사람들은 '살아남는 것'을 최고의 가치로 여겼다. 사람이라도 잡아먹어야 살아날 수 있는 상황에까지 처했던 사람들은 이미 오래 전에 기존의 도덕과 윤리를 내팽개쳤다. 낡은 도덕과 윤리는 사대부 벼슬아치들이 자신들의 기득권을 유지하기 위한 수단에 불과했다.

공명첩의 남발로 신분제도 무너지기 시작했다. 전란 중에 군공청은 유성룡의 제안에 따라 "공사 천인이 적의 머리 하나를 베면 양인이 되게 하고, 둘을 베면 국왕 호위 무사로 배속하고, 셋을 베면 벼슬을 시키고, 넷을 베면 수문장에 제수한다."라는 파격적인 조건을 내걸었다. 일본군의 목을 베어 온 수많은 천민들은 신분의 속박에서 벗어났다. 심지어 천인이 수문장이 되는 경우도 있었다. 실제로 조령의 의병 신충원은 천인인

데도 군공을 세워 수문장에 임명되었다.

전란 이후 나라의 기강을 바로 세울 만한 인물이 딱히 없었다. 국난을 초래한 조정 대신과 사대부들에게 계속 나라의 운명을 맡겨야 하는 상황이었다. 백성의 안위에는 관심이 없던 지배층은 전쟁으로 잃어버린 것을 보상이라도 받으려는 듯 백성의 고혈을 짜내고 남의 땅을 가로채는 데 열중했다.

전쟁이 끝나고 광해군이 왕으로 즉위했지만, 백성들이 처한 생존과의 전쟁은 끝나지 않았고 새 왕 광해군은 명의 승인을 받지도 못했다. 여전히 나라는 나라꼴이 아니었다. 1609년(광해군 1년) 6월 명이 광해군의 즉위를 공식적으로 인정하고 나서야, 광해군은 비로소 왕의 모양새를 갖추게 되었다. 광해군은 내친 김에 취약한 정통성을 강화하고자 신하들의 반대를 무릅쓰고 생모 공빈 김씨를 공성왕후로 추증했다.

1609년에는 일본과 기유조약을 맺어 임진왜란 이후 단절된 국교를 회복하고 부산에 왜관을 설치해 무역을 재개하기도 했다. 광해군이 빗발치는 반대를 무릅쓰고 철천지원수 일본과 국교를 재개한 데는 후금의 위협에 대비하기 위한 의도도 깔려 있었다. 광해군으로서는 과거의 원한보다도 현재의 생존이 더욱 시급한 문제였다.

### 『동의보감』, 백성의 질병을 다스리다

왕권 강화와 외교 문제 못지않게 성리학적 질서를 회복하는 것도 중요한 과제였다. 죽고 사는 문제가 우선이었던 전란 중에 성리학적 질서는 진작 무너졌다. 나라가 백성을 속였으니 백성이 나라를 따를 리가 없었다. 국가도 백성에게 거짓말을 하고 억지를 부릴 수 있다는 것을 전란을 통해 깨달았던 것이다. 백성들은 마음속에서부터 정부를 부정했다. 사실상 '무정부 상태'였다. 불공정한 사회는 사회 불만 세력을 낳고 사회 불만 세력은 사회 체제에 저항한다.

광해군은 백성의 반감을 이념적으로 누그러뜨리기 위해 전란 중에 멸실된 책들을 다시 찍어내는 데 온 힘을 기울였다. 새로 발간한 책 중 가장 두드러진 책은 1613년에 간행한『동의보감』과 1617년에 간행한『동국신속삼강행실도』이다.『동의보감』은 각종 질병으로 인구가 줄어들고 있는

『**동의보감**』**(국립중앙도서관)** 2,000년 동안 축적된 동아시아의 의학 지식과 임상 경험을 하나로 통합한 백과사전식 의서. 우리나라 최고의 한방 의서로 평가되고 있으며, 2009년 세계 기록 유산으로 등재되었다.

문제점을 해결하기 위해 간행되었고, 『동국신속삼강행실도』는 전란 이후 흐트러진 민심을 수습하고 기강을 바로잡기 위해 간행되었다.

전란 이후 굶주림과 질병으로 백성이 속절없이 죽어갔지만 변변한 약재가 없어 손을 놓고 있을 수밖에 없었다. 백성이 있어야 왕도 있다. 비싼 약재 대신 주변에서 구할 수 있는 약재로 질병을 막으려면 백성에게 필요한 의학 서적이 절실했다. 1610년(광해군 2년) 허준이 번잡한 중국 의학 서적을 대신할 『동의보감』을 완성했다. 광해군은 왕세자 시절 허준에게 치료를 받았던 기억을 떠올렸고, 선조의 죽음을 막지 못한 죄로 귀양가 있던 허준을 불러들여 『동의보감』 간행을 독려했다.

강화 회담이 진행되던 1596년 선조는 어의 허준을 불러 다음과 같이 명했다.

요즘 중국의 방서를 보니 처방이 너무 많고 번잡하므로 참고하기에 부족함이 많다. 잡다한 처방을 덜고 요점을 추려 하나의 책으로 만들어라.

임진왜란이 일어난 7년 동안 농지는 대부분 파괴되었고 이상 기후로 말미암아 온갖 전염병이 퍼졌다. 백성이 질병으로 고통을 받자 선조는 백성도 쉽게 이해할 수 있는 의학 서적을 편찬하기로 마음먹었다.

왕명을 받은 허준은 유의 정작, 태의 양예수 등 당대의 의관들과 함께 의서 편찬 작업에 들어갔다. 하지만 이듬해 정유재란이 일어나면서 작업이 일시 중단되었다. 1601년 편찬 작업이 재개되었는데, 이때부터는 허준이 단독으로 작업했다.

　임진왜란이 끝나자 선조는 끝까지 자신의 곁을 지키며 의주까지 동행한 허준을 공신에 책봉하고 종1품 숭록대부 벼슬을 내렸다. 하지만 1608년 선조가 세상을 떠나자, 신하들은 "허준이 약재를 잘못 써서 선조를 죽게 했다."라며 죄를 묻기를 청했다. 허준의 치료로 목숨을 건진 적이 있었던 광해군은 "고의가 아니니 처벌해서는 안 된다."라며 허준을 옹호했다. 하지만 대신들의 견제가 만만치 않아 광해군도 어쩔 도리가 없었다. 허준은 죄를 뒤집어쓰고 유배 길에 올랐다.

　이듬해 광해군은 허준을 석방하겠다는 의사를 밝혔다.

　"허준은 호성공신일 뿐 아니라 나의 병도 고친 공이 있다. 이제 1년이 지났으니 허준을 유배에서 풀어주는 게 좋겠다."

　신하들은 여전히 왕의 뜻을 꺾으려 했다. 심지어 사관은 이렇게 평했다. "허준의 죄는 시역(弑逆, 부모나 임금을 죽임)했다고 해도 무방하다." 사관의 평은 광해군이 허준에게 시켜 선조를 죽였다는 말로도 해석될 여지가 있다.

　1년 8개월의 귀양살이 기간에 허준은 의학서 편찬에 매진했다. 허준은 『동의보감』을 엮어 광해군에게 올렸다.

　광해군이 허준을 치하하며 명을 내렸다.


　허준은 부왕의 명을 받들어 유배지에서도 쉬지 않고 책을 저술해 내게 올렸다. 허준을 내의원으로 복귀하게 하고 책을 널리 배포하도록 하라.

1609년 광해군은 사간원의 반대를 무릅쓰고 71세 노인 허준을 유배에서 풀어 주었고, 허준은 평생의 역작 『동의보감』을 완성해 광해군에게 바쳤다.

허준은 1601년 단독 집필 이후 14년이라는 긴 시간 동안 총 240여 종의 의서를 참고해 평생의 역작 『동의보감』을 완성했다. 주변에서 쉽게 구할 수 있는 약재를 이용한 처방을 소개했고, 임상 경험에 기초한 내용도 담았다. 『동의보감』 편찬은 17년간 이루어진 대규모 국책 사업이었다. 25권 25책을 인쇄하는 데만도 3년이 걸렸다고 한다. 허준은 『동의보감』을 완성한 이후에도 어의로서 주치의 역할을 하다 광해군 7년에 눈을 감았다.

## 광해군, 대동법 시행에 문제를 제기하다

광해군 초, 가장 주목할 만한 사건은 대동법의 시범 실시였다. 대동법은 조정에 바치는 특산물을 쌀로 대체하는 법인데, '대동(大同)'에는 잡다한 공납을 쌀로 통일한다는 의미가 있다.

당시 공납은 국가 재정의 4분의 3을 차지하고 있었다. 이는 곧 백성들이 내는 세 부담도 4분의 3에 달했다는 것을 의미한다. 게다가 공납은 가짓수가 많고 시도 때도 없이 부과되었으며, 해당 지방에서 생산되지도 않는 특산물을 공납으로 부과하는 경우도 있었다. 공납의 가장 큰 문제점은 많은 토지를 소유한 양반 전주(田主)의 납부액과 송곳 꽂을 땅도 없는 소작농의 납부액이 비슷했다는 점이다.

공물을 대신 바치던 방납업자는 중앙의 아전과 미리 입을 맞추었고, 관아에서는 백성이 직접 납부하는 공납은 퇴짜를 놓고 방납업자의 물품을 비싸게 산 백성의 공납만 받아 주었다. 원래 가격의 백배를 받고 대납을 했다고 하니 방납의 폐해가 얼마나 심했는지 알 수 있다.

방납업자와 관리가 챙기는 수수료인 '인정(人情)'은 공물의 두 배나 되었다. 그러다 보니 "손에는 진상품을 들고 말에는 인정물을 싣고 간다." 라는 속담까지 생겨났다.

특히 광해군 때 공납이 문란했다고 했는데, 어느 정도였을까. 영화 「광해, 왕이 된 남자」의 한 장면을 들여다보도록 하자.

사월이: 소인의 아버지는 산골 소작농이었사옵니다. 그런데 어느 날부터 관아에서 세금으로 전복을 바치라 하여…….

광해: 농사꾼에게 전복이라니?"

사월이가 말한 '전복'이 그 지역에서 나지 않는 공물인 불산공물(不山貢物)에 해당한다. 이로 인해 대납(代納)이 생겨났고, 이러한 대납의 폐단을 일컬어 '방납'이라고 했다.

방납의 폐해가 극심해지자 1608년(광해군 즉위년) 광해군은 탕평 인사를 표방하면서 선조 때 영의정을 지낸 이원익을 그대로 연임시켰다. 선조, 광해군, 인조 대에 걸쳐 벼슬을 지냈고, 영의정도 여섯 번이나 지냈으며, 청백리로서 백성의 신망을 한 몸에 받는 인물이었다. 남인이면서도

**이원익** 임진왜란, 인조반정, 정묘호란을 모두 겪은 조선 중기의 대표적인 명신이다. 대동법을 추진하는 등 능력을 인정받아 인조에게 궤장(안석과 지팡이)을 하사받았다.

당파에 휘둘리지 않고 신념과 원칙을 지켰다.

이원익은 전란의 후유증으로 고통을 받는 백성의 부담을 줄이기 위해 대동법 시행을 강력히 주장했다. 대동법 시행을 주관하는 선혜청도 이원익의 건의로 설치되었다. 백성에게만 이롭도록 소유한 토지를 기준으로 누진세를 적용했다. 이원익은 방납의 폐단을 고치기 위해 다음과 같이 주장했다.

각 고을에서 진상하는 공물이 각급 관청의 방납하는 자에 의해 중간에서 막혀 물건 값이 3, 4배 혹은 수십, 수백 배까지 되어 그 폐해가 극심합니다. 지금 별도로 하나의 관청(선혜청)을 설치해 백성에게서 토지 1결마다 매년 봄, 가을 두 번에 걸쳐 8두씩 쌀을 거두어 본청에 보내도록 하소서. 그런 후 본청은 거두어들인

쌀을 방납하는 자에게 주어 물가 시세에 맞춰 특산물을 수시로 사들여 납부하게
하소서.

이원익의 주장은 공물 대신 결당 16두씩 전세를 거두고, 방납하는 자
에게 필요한 물건을 사서 쓰자는 것이었다. 이원익은 경기도에서 처음
대동법을 시행한 후 전국으로 확대하려 했다. 하지만 양반 지주의 강력
한 저항으로 경기도에서 일시적으로 시행하는 것에 그쳤다.

1609년(광해군 1년) 2월 28일 사간원의 보고는 대동법이 제대로 시행
되지 못했음을 말해 준다.

요즘 방납이란 교활한 방법 때문에 경기도의 1년 공부(貢賦, 나라에 바치던 물건
과 세금)와 응역(應役, 병역이나 부역 같은 공역의 일에 응함)의 대가를 절감해 결수를
계산하고 쌀을 거두도록 했다. 방납하던 자들이 함부로 징수하던 양에 비하면 백
성들의 부담이 현저히 줄어들었는데, 시행되기도 전에 논의가 분분하다. 방납하
는 자들은 자신들의 이익을 잃을까 두려워하여 일을 방해하니 장차 중도에 폐지
될 지경이다.

이 상황을 타개하고자 1609년(광해군 1년) 곽재우를 비롯한 신하들은
대동법의 확대를 주장하지만 광해군의 반대에 부딪쳤다.

일전에 신하들을 불러서 만나 보았을 때 승지 유공량이 선혜청의 대동미 출납

은 불편한 점이 많아 영구히 시행하기는 어렵다고 말했다. 처음에 나도 대동법은 실제로 시행하기에 어려울 거라고 생각했다. 본청이 백성을 위해 폐단을 없애려 하여 그 가능 여부를 알아보려고 시험적으로 실시하도록 했다. 그런데 유공량의 말을 들어보니 심히 걱정스럽다. 지금까지 특산물이 나는 곳에 공물을 바치게 한 데는 다 나름대로 이유가 있었다.

영화나 드라마의 영향으로, 광해군은 사람들에게 '양반의 반대를 무릅쓰고 대동법을 시행한 애민 군주'로 인식되고 있다. 하지만 광해군이 "선혜청의 경기 대동법 시행과 자신의 견해가 다르다."라고 발언한 것으로 볼 때, 대동법을 적극적으로 시행할 의지는 없었던 것 같다. 대동법은 광해군의 미적지근한 태도와 양반 지주들의 줄기찬 반대로 겨우 명맥만 유지됐다.

광해군은 재위 내내 토목 공사에 관심을 기울였으므로 대동법 시행을 위한 토지 조사보다는 토목 공사를 위한 특별 공물 징수에 더 신경을 썼다. 선조 말에는 임시로 양전(量田, 토지의 넓이를 측량하던 일)이 실시되었으나 광해군이 집권할 때에는 양전이 제대로 이뤄지지도 않았다. 이는 정책의 주안점이 조세 개혁을 통한 민생 안정보다는 토목 공사를 통한 왕권 강화, 즉 '화려한 정치'에 있었다는 것을 말해 준다.

광해군이 세자 시절부터 지녔던 '빛나는 다스림'에 대한 초심은 서서히 무너지고 있었다. 광해군의 무리한 토목 사업은 반정의 주요한 원인이 되었다.

대동법 시행을 주장한 이원익은 선혜청 도제조를 맡아 앞장서서 대동법을 추진했다. 하지만 광해군의 인목대비 폐위에 반대하다 여주로 귀양을 갔다. 이원익은 인조반정 이후에야 조정에 들어와 대동법을 다시 추진할 수 있었다.

대동법이 전국에서 시행되기까지 100년이나 걸린 것을 보면 당시 기득권 세력의 저항이 얼마나 거셌는지 알 수 있다. 심지어 대동법을 시행한 광해군조차 대동법의 실현 가능성에 대해 의문을 제기했을 정도다. 공납제를 논의했던 때부터 보면 대동법을 전국적으로 시행하는 데 걸린 기간은 거의 200년이나 된다고 볼 수 있다.

### 궁궐 공사와 파병을 위해 백성의 고혈을 짜내다

광해군이 인조반정으로 쫓겨난 가장 큰 원인 중 하나가 바로 무리한 토목공사로 민생이 피폐해진 것이다. 광해군은 유례가 없을 정도로 궁궐을 짓고 꾸미는 데 관심을 기울였다. 상대적으로 민생에는 소홀할 수밖에 없었다.

1608년 즉위 직후 광해군은 정릉동 행궁에 머무르면서 선조가 시작한 창덕궁 중건 사업을 본격적으로 재개했다. 1610년(광해군 2년) 창덕궁 공사가 끝나자 1611년 창덕궁으로 거처를 옮겼고, 이어서 창경궁도 중수할 것을 명령했다. 삼사가 재정의 어려움을 이유로 강력히 반대하자, 광해군은 "대비께서는 당연히 창경궁에 계셔야 하고, 나는 본래 심병이 있어 트인 곳에 거처해야 한다."라며 창경궁 재건을 밀어붙였다.

1615년(광해군 7년)에는 노산군(단종)과 연산군이 쫓겨났던 창덕궁을 꺼림칙하게 여겨 창덕궁 대조전을 떠나 창경궁이나 경운궁으로 옮겨 가겠다고 선언했다.

　　또 1616년(광해군 8년) 성지라는 승려가 "인왕산 아래가 명당이므로 그곳에 궁전을 지으면 태평성대가 온다."라고 주장하자 인왕산 아래에 인경궁 궁터를 잡게 한 후 그 이듬해부터 공사를 시작했다.

　　그런데 공사 도중에 정원군(광해군의 이복동생이자 인조의 아버지)의 집이 있던 새문동(지금의 종로구 신문로 일대)에 왕기가 있다는 설이 나돌자 광해군이 이를 누르기 위해 경덕궁(慶德宮)을 짓기 시작했다. 이에 따라 인경궁 공사는 거의 중단되다시피 했다. 1621년부터 공사가 재개되었으

**경희궁 자정전(서울시 종로구)**　　경희궁은 본래 경덕궁으로 불렸다. 1617년(광해군 9년) 인경궁, 자수궁과 함께 짓기 시작해 1623년(광해군 15년)에 완공되었다.

나 1623년에 일어난 인조반정으로 공사는 다시 중지되었다.

광해군이 즉위할 당시는 왜란 직후였다. 궁궐들이 불타 왕이 거처하기에 마땅한 곳이 없었기 때문에 궁궐 건축에 힘을 쏟은 것은 당연한 일로 볼 수 있다. 하지만 창덕궁을 중건한 후에도 인경궁과 경덕궁을 연이어 건축한 것은 납득하기 어려운 일이다.

인경궁의 칸 수는 무려 경복궁의 10배나 됐고, 경덕궁은 창덕궁과 규모가 비슷하거나 그 이상이었다. 이런 규모의 궁궐을 동시에 짓기 위해서는 수많은 백성을 동원해야만 했다. 무리한 궁궐 공사는 백성의 부담을 가중시켜 백성의 원성을 샀다. 물자와 인력 수급에 필요한 경비는 공명첩을 팔아 마련하기도 했다.

이런 판국에 1618년(광해군 10년) 명은 후금을 공격하는 데 필요한 원병을 요청했다. 신하들은 "예부터 전쟁과 토목 공사를 병행한 나라치고 망하지 않은 나라가 없었다."라고 경고했다.

영건에 대한 시비가 계속 제기되자 광해군은 오히려 한 술 더 떴다. 관리들에게도 포목을 징수하는가 하면 은이나 비단, 소금, 철, 목재 등을 바치는 백성에게는 벼슬을 팔았다. 백성들은 저마다 '거리가 벼슬아치들로 가득 찼다.'라고 비아냥댔다. 광해군은 완공된 경덕궁에 거처하지도 않았다. 이곳저곳 옮겨 다니는 행태를 반복했다.

광해군은 왜 머무르지도 않을 궁궐 짓기에 집착한 것일까? 그 이유는 광해군이 왕에 오르기까지 숱한 위기를 넘긴 데서 찾을 수 있다. 형을 제치고 세자가 되었고, 아버지 선조와 끊임없이 갈등을 빚었다. 적자 영창

**창경궁 홍화문(서울시 종로구)** 창경궁은 1484년(성종 15년)에 건립되었는데, 임진왜란 때 불에 탔다가 1616년 (광해군 8년)에 재건되었다.

대군의 출생으로 세자의 자리를 위협받았고, 명은 세자 책봉을 미루었다. 게다가 즉위 이후 숱한 역모 사건이 터졌다. 이런 일련의 사건들이 광해 군을 소심하고 예민하게 만들고, 운수에 집착하게 했을 것이다. 또 대규 모 공사를 강행한 것에는 역모 사건이 터지는 가운데 왕권의 위상을 세 우려는 욕구가 강하게 작용했을 것이다.

1619년 명의 압력에 못 이겨 원정군을 파견하면서 궁궐 영건은 기로에 섰지만 광해군은 꿈쩍도 하지 않았다. 원정군이 후금군에게 패한 후에도 궁궐 영건 중단 요구를 일축했다.

1620년(광해군 12년) 11월경 경덕궁 공사가 거의 끝났지만 인경궁 공 사는 여전히 진행 중이었다. 이때 호남에서는 심각한 기근으로 굶어 죽

**「동궐도」(고려대학교박물관)** 창덕궁은 임진왜란으로 소실된 후 선조와 광해군 때 재건되었다. 그림은 조선 후기의 도화서 화원들이 그린 그림이다.

는 백성이 속출했다. 군량 조달을 위해 파견된 조도사 이창정은 호조판서 권반에게 농민의 참상에 대해 이렇게 보고했다.

영감께서는 하루를 재직하면 하루의 책임을 다하라고 당부하셨습니다. 관리로서는 마땅히 지켜야 할 원칙이지요. 아름다운 교훈으로 삼아 죽을 때까지 지키지 않을 수 있겠습니까. 하지만 오늘 제가 하는 일은 영감의 가르침과 같지 않습니다. 제가 맡은 직책은 결국 백성을 수탈하여 이익을 취하는 것이나 다름없습니다. 저는 도둑질하는 신하입니다. 하루 재직하면 하루의 죄악을 더할 뿐입니다.

참담한 고백이었다. 대형 옥사로 서인과 남인은 모두 쫓겨나고 대북파의 권세는 왕도 감당하기 어려울 지경이 됐으니 광해군 정권을 지탱하는 것은 이창정과 같은 하급 행정 관료들이었다. 하지만 광해군은 그나마 자신을 위해 일하는 신하에게 도둑질 아닌 도둑질을 강요하고 있었다. 그는 이렇게 집착에 가까울 정도로 궁궐 공사에 관심을 기울였지만 경연은 몸이 좋지 않다는 핑계를 대고 제대로 열지 않았다.

인조반정으로 폐위될 때까지 경연을 연 횟수는 수십 차례도 되지 않는다. 1618년(광해군 10년)에는 신하들이 "성상께서 경연을 오랫동안 열지 않다 보니 대소 신료가 아뢸 말씀이 있어도 전달할 길이 없습니다."라고 하소연하기에 이르렀다. 경연은 국왕과 신하가 국정의 철학을 공유하고 백성을 다스리는 도리를 논하는 자리다. 경연을 하지 않았다는 것은 대통령이 국무회의에 나오지 않은 것과 다름없다. 국가 운영의 가장 중요한 의무를 저버린 셈이다.

정권의 몰락은 시간문제였다. 광해군의 '화려한 정치'와 왕위 지키기를 위한 '중립 외교'는 오히려 외우내환을 불렀다. 인조반정은 이미 예견되어 있었다. 인조반정이 아니더라도 제2의, 제3의 인조반정이 움텄을 것이다.

광해군이 세운 인경궁의 거대한 전각들은 인조반정 이후 대부분 해체되었다. 그 과정에서 나온 목재와 석재는 다른 궁궐을 수리하는 데 사용되거나 버려졌다. 심지어 인조는 신하의 반대를 무릅쓰고 인경궁의 재목과 기와를 정명 공주에게 하사하라는 명을 내렸다.

재목과 기와는 병자호란 이후 청 사신의 숙소 건물을 새로 짓는 데도 사용되었다. 인조가 광해군의 흔적을 지우는 과정에서 백성들의 피땀으로 지어진 조선 최대의 궁궐 인경궁은 흔적도 없이 사라지게 되었다.

**교동읍성(인천시 강화군)**

인조반정이 일어나자 서인 세력은 광해군과 대북파를 몰아냈고, 인목대비는 대왕대비의 자리에 올랐다. 인목대비의 복수로 광해군과 그의 가족들은 여생을 비참하게 마감해야 했다. 교동은 광해군이 15년간 유배 생활을 한 곳이다.

# 광해군,
# 죽음의 퍼레이드를 펼치다

## 봉산옥사, 계축옥사

### 대북파 이이첨의 조작극, 봉산옥사

광해군은 백성에게 '빛나는 다스림'을 실현하는 '소금'과 같은 왕이 되겠다는 초심을 잃어버렸다. 오히려 토목 공사를 시행하고 정적 제거에 나서면서 '화려한 정치'를 펼쳐 나갔다. 광해군을 지지했던 대북파는 정적인 소북파를 제거해 자신들의 입지를 강화하려 했다. 이들은 어떻게 하면 정적을 제거할 수 있을까 늘 골몰하고 있었다. 대북파는 소북파를 제거하기 위해 조작극까지 꾸몄다.

조선 시대에도 사람들은 군대에 가는 것을 싫어했다. 군역을 피하고자 문서를 위조하는 일도 흔했다. 1612년(광해군 4년) 황해도 봉산 땅에 사는 김제세도 그런 사람 중 한 명이었다.

김제세는 병역을 피하려고 지방 훈도(訓導, 한양의 4학과 지방의 향교에서 교육을 맡아보던 직책)의 임명장을 위조했다. 임명장에 자신의 이름을 적어 넣어 담당 지역의 수령인 봉산 군수에게 제출했다. 군수는 이 문서가 가짜라는 것을 곧바로 알아차렸다. 훈도의 임명장은 이조가 발부하게 되어 있는데, 위조 임명장에는 예조가 발부한 것으로 되어 있었기 때문이다.

봉산 군수 신율은 김제세를 문초했다. 김제세는 혹독한 고문을 이기지 못해 "나와 아우는 반역에 가담하고 있었다."라고 거짓으로 자백했고, 김제세의 동생 김익진은 "팔도 대장으로 내정된 사람이 김직재의 아들인 김백함이다."라고 무고했다. 이들의 증언은 다소 황당하고 앞뒤가 맞지 않았지만, 출세욕에 눈먼 신율은 이 사건을 조정에 역모 사건으로 보고했다.

대북파는 김직재·김백함 부자는 물론 그 일족을 모두 체포해 고문을 가했다. 고문을 이기지 못한 김백함은 팔도 대장의 이름을 거론했다. 김직재도 매질에 못 이겨 "순화군(광해군의 이복동생)의 양자 진릉군을 받들어 난을 일으키고 이이첨, 이창준 등 대북파를 제거하려 했다."라고 자백

**형난공신 녹권(국립중앙박물관)** 형난공신은 봉산옥사를 다스리는 데 공이 있던 사람에게 내린 칭호다.

했다.

봉산옥사를 주도한 사람은 정인홍의 제자 이이첨이었다. 이이첨은 1608년 임해군 옥사를 지켜보며 광해군이 세자 시절의 불안 때문인지 역모에 민감하다는 것을 알게 되었다. 시작부터 의혹투성이인 봉산옥사에 대해 이이첨은 "누가 누구를 옹립하려 했는지 낱낱이 밝혀야 한다."라며 강경하게 대응할 것을 주장했다.

광해군은 매일 친국(親鞫, 임금이 중죄인을 몸소 신문하던 일)에 나서 고문을 명하기도 했다. 이이첨의 예상대로 광해군은 고문으로 얻은 진술을 토씨 하나 그냥 넘기지 않았다. 340여 명의 관련자가 끌려와 옥사를 가득 메웠고 연이어 고문으로 죽어 나갔다.

예전에는 관련자가 승복하면 처첩과 자식을 보통 종으로 삼았지만, 이번에는 이들조차 고문해 죽였다. 100여 명의 소북파가 대거 숙청된 봉산옥사는 7개월이나 지나서야 마무리되었다.

### 이이첨, 광해군 정권의 저승사자가 되다

광해군을 부추겨 봉산옥사를 주도한 이이첨은 왜란 때 말단 관직인 광릉 참봉으로 있었다. 그는 적들이 장악한 광릉의 봉선사에 잠입해 세조의 영정을 빼내는 용맹함을 보여 사람들 사이에서 화제가 된 적이 있었다. 이이첨은 영정을 받들고 숲길을 걸어 선조가 머물던 행재소에 영정을 넘겼다. 그날 봉선사는 물론 광릉의 재실(齋室) 200여 칸이 불에 타 잿더미가 되었다고 한다.

임진왜란 때 역대 왕의 영정은 거의 모두 불에 타거나 없어졌다. 겨우 보전된 것이 태조와 세조의 영정이다. 왜란 직후 성종을 모신 선릉과 중종을 모신 정릉은 일본군에게 도굴까지 당했다. 그런 와중에 세조의 영정을 보존하게 되자 선조는 크게 기뻐했다. 이 일을 계기로 이이첨은 35세에 문과에 급제했고, 왕세자 교육을 담당하는 시강원의 사서가 되어 광해군을 가르쳤다.

하지만 더 이상 나아갈 수는 없었다. 조정은 이미 학맥과 인맥이 얽혀 있어 이이첨이 비집고 들어갈 틈이 없었다. 게다가 이이첨은 연산군 때의 대표적인 권신인 이극돈의 5대손이었다. 이극돈은 유자광과 함께 무오사화(연산군 4년에 유자광을 비롯한 훈구파가 김종직의 사초 '조의제문'을 트집 잡아 김일손을 비롯한 사림파를 숙청한 사건)를 일으켜 사림파를 제거하는 데 주도적인 역할을 한 인물이었다.

이극돈의 후손이란 사실은 사림 중심의 정치판에서 약점으로 작용했다. 더구나 선조 때의 조정은 이황, 이이, 조식 등의 문하에 있었던 인물들이 얼굴을 내밀고 있을 때였다. 이렇다 할 학연이 없었던 이이첨은 정인홍을 찾아가 제자가 되기를 청했고, 이후 두 사람은 서로 의기투합했다.

선조가 만년에 영창대군을 후계로 삼으려 할 때 소북의 영의정 유영경이 이에 찬성했다. 이이첨은 정인홍에게 유영경의 움직임을 알리면서 유영경을 탄핵하는 상소를 올리도록 부추겼다. 이 일로 이이첨은 선조의 노여움을 사서 귀양 보내졌는데, 갑자기 선조가 승하했다.

당시 선조의 죽음을 두고 독살설이 제기되었다. 아침까지 아무렇지도 않았던 선조가 광해군이 올린 찹쌀밥을 먹고 갑자기 쓰러졌고, 어의 허준이 온갖 의술을 동원했지만 사망했다.

광해군을 옹립한 이이첨이 상궁 김개시와 함께 선조를 해쳤다는 소문이 퍼졌다. 선조에 의해 귀양살이를 했던 이이첨은 곧바로 유배를 떠나지 않고 이틀 동안 머뭇거렸는데, 이런 행보 때문에 선조가 승하하기를 기다린 것이 아니냐는 의혹을 받았다.

하지만 광해군이 즉위하자 이이첨은 유배 길이 아닌 예조판서에 올랐고, 영창대군을 옹립하려 했던 유영경은 유배되어 처형당했다. 이 공로를 인정받은 이이첨은 정운공신(定運功臣, 정인홍의 유영경 배척 상소에 기여한

**칠장사(경기 안성시)** 인목대비가 인조 원년(1623년)에 아들 영창대군과 아버지 김제남의 명복을 빌기 위한 원찰로 삼아 크게 중수했다. 〈안성시청 제공〉

공신)이 되었다.

권력을 잡은 이이첨은 지체 없이 광해군의 형인 임해군에게 역모 혐의를 씌워 강화도에 위리안치한 후 임해군 살해를 사주하고 봉산옥사를 주도했다.

1613년(광해군 5년)에도 박응서를 사주해 "인목대비의 아버지 김제남이 역모를 꾀해 영창대군을 왕으로 추대하려 했다."라고 자백하게 하여 계축옥사를 일으켰다. 이이첨은 영창대군을 강화도에 위리안치하여 죽게 하고 김제남을 사사했다. 1617년에는 정인홍과 함께 폐모론을 주장하고, 이듬해 인목대비를 유폐시켰다.

하지만 1623년 3월 12일 인조반정이 일어나 광해군이 폐위되자 이이첨은 이천으로 달아났다가 붙잡혔고, 다음날 자신이 많은 사람들에게 그랬던 것처럼 참형에 처해졌다.

## 서자들의 강도 사건을 역모로 둔갑시킨 계축옥사

봉산옥사 이듬해인 1613년(광해군 5년) 4월, 조령 길목에서 은을 팔고 사는 상인이 살해당하고 은 700냥을 빼앗긴 사건이 발생했다. 평범한 강도 살인 사건처럼 보였지만 수사 결과 역모로 밝혀졌다. 일곱 명의 서자 출신이 역모를 꾀했다 해서 '칠서의 옥'이라 불린 사건이었다.

칠서로 불린 이들은 모두 명문가에서 태어났지만 불행하게도 서자였다. 일곱 명의 서자는 영의정을 지낸 박순의 서자 박응서, 심전의 서자 심우영, 목사를 지낸 서익의 서자 서양갑, 정여립의 난을 평정한 박충갑의 서자 박치의, 박유량의 서자 박치인, 북평사를 지낸 이제신의 서자 이경준, 서얼 허홍인 등 7명이다.

칠서는 1608년 광해군이 왕위에 오르자 서얼의 차별을 없애 달라는 상소를 올렸다. 서얼도 높은 관직에 오를 수 있도록 허락해 달라는 신분 상승 운동(서얼 허통 운동)을 펼친 것이다. 하지만 광해군은 칠서의 상소문을 받아들이지 않았다.

칠서는 1613년 초부터 경기도 여주 남한강 주변에 윤리가 필요 없는 집이라는 뜻의 '무륜당'을 지었다. 스스로 '죽림칠현' 혹은 '강변 칠우'라 부르며 개혁 성향의 허균, 이사호 등과 사귀었다. 이곳을 근거지로 삼아 소금 장수나 나무꾼 등으로 행세하면서 화적질을 일삼기도 했다.

이즈음에 조령 고개에서 은상 살인 사건이 일어났던 것이다. 피살된 상인의 노비 하나가 간신히 살아남아 칠서의 근거지를 알아낸 후 포도청에 고발했다. 대북파의 거두 이이첨은 이 사건을 평소 껄끄럽게 생각했던 영창대군을 제거할 기회로 삼고 역모를 조작했다.

이이첨의 사주를 받은 포도대장 한희길은 먼저 체포된 박응서를 회유했다. 이에 박응서는 광해군에게 올리는 비밀 상소에서 다음과 같이 거짓을 고변했다. "서얼 출신 일곱 명이 1608년 명 사신을 살해해 혼란을 일으키고, 무사를 모아 거사를 성사시킨 후 김제남과 몰래 내통해 영창대군을 옹립하려 했다. 살인을 저지른 것은 거사 자금을 마련하기 위해서다."

호걸의 기개가 있어 칠서의 우두머리로 지목된 서양갑은 박응서의 상소 내용을 완강히 부인했다. 하지만 서양갑은 어머니와 형제들이 모진 고문에 시달리는 것을 보자 결국 거짓으로 자복하고 말았다. "반역도의 우두머리는 인목대비의 아버지 김제남이고, 대비 또한 영창대군이 장성하면 살아남기 어렵다고 판단해 모의에 가담했다."

거짓 고변으로 조정에는 피바람이 불었다. 선조로부터 인목대비와 영창대군을 잘 보살펴 달라는 유명을 받은 일곱 명의 고명대신을 비롯해 서인 세력 수십 명이 옥에 갇혔다.

고명대신 중 한 명인 박동량이 화를 피하고자 "인목대비의 아버지 김제남과 인목대비는 선조가 병환에 시달린 이유를 의인왕후에게 돌렸다. 선조의 병환이 위독해지자 인목대비 김씨가 광해군을 아들로 삼았던 의인왕후의 유릉에 무당을 보내 허수아비를 묻고 저주하게 했다."라고 새로운 이야기를 덧붙였다.

사관은 "대군 집의 사람들이 유릉이 아닌 공빈 김씨의 무덤에 가서 저주를 하려다 실패한 것은 사실이다."라고 적고 있다. 결국 김제남은 서소문 밖에서 사약을 받았다. 인목대비의 처사는 저주 행위로 간주되었고, 이는 곧 폐모 논의로 이어졌다.

칠서는 차별 없는 사회를 꿈꾸었지만, 세상은 그들의 진심을 외면하고 모반을 꾀한 역적으로 몰아붙였다. 1623년 인조반정 이후에야 '칠서의 옥'은 이이첨을 비롯한 대북파가 권력을 장악하기 위해 단순 강도범인 박응서를 이용해 역모를 조작한 옥사로 규정되었다. 이 사건은 1613년 계축년에 일어났다고 해 '계축옥사'라고 한다.

여덟 살에 불과했던 영창대군은 역모에 연루된 죄로 서인(庶人)으로 강등되고, 강화도 교동에 위리안치되었다.

임진왜란 때 명의 파병을 이끈 이덕형은 강화도에 안치된 영창대군에게 은혜를 베풀어 줄 것을 청하다가 삭탈관직 되었고, 53세에 고향 집에서 죽음을 맞이했다.

영창대군은 유배 가던 날 자신의 죽음을 예감했다. 어머니 인목대비와 누나 정명공주와 떨어지지 않으려고 울며불며 발버둥을 쳤다. 아들을 강제로 빼앗긴 인목대비는 이제 살아도 산목숨이 아니었다.

### 인목대비 폐모 논의가 일다

1613년 5월 22일 대북파 이위경은 이이첨의 지시에 따라 "인목대비가 저주 사건을 일으키고 역모와 관련됐으니 전하와 대비의 모자 관계는 끊어졌나이다. 신하로서 국모로 대우하기 어렵습니다."라고 상소를 올렸다.

25일에는 대북파인 정조와 윤인이 "인목대비가 종사에 죄를 지어 전하와의 모자 관계가 끊어졌으니 어찌 같은 궁궐에 있을 수 있겠나이까."라며 광해군과 인목대비가 따로 떨어져 있어야 한다고 주장했다. 폐모를 거론하지는 않았지만 모자가 따로 거처하는 것은 폐모 처분이나 다름없었다.

격분한 한양의 유생들이 "세 사람의 목을 베라."라고 연명으로 상소를 올리자 광해군은 정조와 윤인의 벼슬을 삭탈하는 선에서 사건을 마무리하고자 했다. 하지만 팔도의 유생들은 폐모 논의를 '금수의 행동'이라며 대북파를 처벌하라는 상소를 연일 올리며 대북파를 공박했다.

병으로 물러나 있던 이원익도 상소를 올렸다. "항간에 떠도는 말을 들어보니 장차 대비에게 일이 미칠 것 같아 혼비백산하였나이다. 어미가 자식을 사랑하지 않아도 자식은 효도하지 않을 수 없나이다."

이 글을 읽고 광해군이 크게 노했다. "경은 과인을 의심하고 항간의 말을 믿는단 말이오. 내가 항간의 사람보다 못하다는 말인가."

이원익은 결국 삭탈관직 되어 유배 길에 올랐고, 정조와 윤인은 슬그머니 복직되었다. 왕은 공식적으로는 폐모론을 부인했지만 그의 속내는 따로 있었다.

## 장작불을 지펴 영창대군을 쪄서 죽이다

1614년(광해군 6년) 2월 대북파는 이정표를 보내 강화 부사 정항에게 만 8세의 어린 영창대군을 죽이라고 명했다. 정항은 영창대군에게 음식조차 주지 않았고, 언제부터인가 방 안에 가둔 채 쉴 새 없이 장작불을 지폈다.

어린 영창대군은 뜨거운 열기를 견디지 못해 창살에 매달렸다. 그러다 아무 것도 먹지 못해 기력이 쇠한 나머지 맥없이 창살에서 손을 놓았다. 선조가 오래 살았다면 한 나라의 왕이 됐을지 모를 영창대군은 이렇게 증살(蒸殺)되고 말았다.

영창대군이 병으로 죽었다는 보고가 조정에 올라왔다. 광해군은 짐짓 "내가 덕이 없어 영창이 병사했으니 비통하기 그지없구나. 대군의 예에 따라 후히 장례를 치르도록 하라."라며 후의를 베풀었다.

**영창대군 묘(경기 안성시)** 대북파는 '칠서의 옥'을 빌미로 영창대군을 평민으로 강등시켜 유배하고 강화 부사를 시켜 유배지에서 잔인하게 살해했다. 〈안성시청 제공〉

영창대군이 죽었다는 소식을 접한 인목대비는 아들 뒤를 따라가겠다며 여러 차례 목을 매려고 했다. 정명공주는 그때마다 어머니를 만류하고 보살피며 눈물로 하루하루를 보냈다. 목숨을 끊기는 쉽지만 자신의 살 같은 자식을 버리기는 힘든 법이다. 인목대비는 하나 남은 딸 정명공주를 위해 죽기를 포기하고 인고의 세월을 감내했다.

영창대군의 어머니인 인목대비의 입장에서 광해군은 자식이면서도 제 자식을 죽인 원수였다. 두 사람은 한 궁궐 안에서 지낼 수 없었다. 1615년 4월 광해군은 인목대비를 경운궁에 홀로 두고 혼자 창덕궁으로 돌아왔다. 인목대비는 사실상 감금 상태에 처해졌다.

## 능창군 추대 사건, 인조반정의 원인이 되다

이이첨은 정운공신이었지만 광해군 초기에 득세한 세력은 광해군의 처남인 유희분이나 그와 가까운 박승종이었다. 이이첨은 입지를 넓히기 위해 자신의 딸을 박승종의 아들 박자흥에게 출가시켰다. 곧이어 박자흥의 딸이 세자빈으로 간택되자 이이첨은 박승종과 함께 왕실의 외척이 되었다.

이이첨, 박승종, 유희분은 모두 왕실의 외척으로서 부원군이라는 호칭을 얻게 되었다. 밀창부원군 박승종, 광창부원군 이이첨, 문창부원군 유희분 세 사람은 '창'자 돌림이어서 '삼창'이라고 불렸다.

인목대비의 폐모를 추진할 때 유희분과 박승종은 소극적이었지만, 광해군의 복심(腹心, 심복) 이이첨은 수하인 이위경, 정조, 윤인을 내세워 폐모 논의를 적극적으로 주도해 광해군의 신임을 얻었다. 남인과 서인이 옥사로 거의 제거된 상황에서 소북계는 유희분과 박승종 등 몇 명만이 겨우 명맥을 유지했고, 정국은 대북계가 주도했다.

이런 와중에 1615년 인조(능양군)의 동생 능창군을 왕으로 추대하려는 움직임이 감지됐다. 능창군은 선조의 다섯째 서자인 정원군의 셋째 아들로, 인빈 김씨의 아들 신성군의 양자로 입적한 인물이었다. 그는 어릴 때부터 총명해 광해군과 대북파의 경계를 받아 왔다.

주변에서는 열일곱 살인 능창군이 한창 젊을 때라 역모를 감행할 가능성이 있다고 여겼는지 "능창군은 기상이 비범하다.", "정원군의 집에 왕기가 있다.", "인빈의 무덤 자리가 좋다."라는 말들이 무성했다.

이런 소문을 들은 광해군이 능창군을 경계하지 않을 수 없었다. 그러던 중 이이첨의 측근인 수안 군수 신경희가 "능창군을 추대해 모반을 획책하려 한다."라는 역모 혐의를 받게 되자, 광해군은 능창군을 유배 보낸 후 자결을 하도록 유도했다. 1623년 친형인 능양군(인조)은 능창군이 죽었다는 소식을 듣고 반역을 결심했다.

### 허균, 인목대비 폐모에 나서다 역모죄로 죽다

다행히 신경희가 옥사하면서 이이첨은 이 사건에 연루되지 않았다. 하지만 윤선도는 이이첨을 탄핵하고자 상소를 올렸다. "이이첨의 파당이 아닌 자가 없나이다. 구중궁궐에 계신 전하께서는 그가 권세를 부리는 것을 모르고 계시나이까? 전하께서는 이이첨과 측근들을 모두 제거해 종사를 지키셔야 하옵니다."

광해군의 복심대신을 자처해 온 이이첨도 왕이 자신을 의심할지 모른다는 불안감에 빠졌다. 이이첨은 광해군의 신임을 굳건히 하기 위해 폐모론을 꾸미기 시작했다.

바로 이때 허균이 나타났다. 허균은 평소 친분이 있었던 서자 출신 서양갑, 심우영 등이 '칠서의 옥'에 연루되어 처형당하자 자신에게도 불똥이 튈까 염려해 당시 실세였던 이이첨을 찾아왔던 것이다.

허균은 이이첨의 후원에 힘입어 광해군의 신임을 얻었다. 허균은 대북파의 대변인이 되어 인목대비의 폐비를 주장하고 나섰다. 먼저 폐모론을 퍼뜨리기 위해 "(광해군은) 서자로 왕위에 올라 아비를 죽이고 형제들을

이항복(1556~1618)

이항복 사당(경기 파주시) 이항복의 영정을 모신 사당 뒤에 이항복의 묘가 있다.

죽였다."라는 내용의 격문을 사람을 시켜 경운궁에 던져 놓게 했다. 그러고는 대비 측 소행으로 몰아붙이려 했다. 조사 과정에서 허균의 소행이라는 진술이 나왔지만 광해군은 이 일을 없던 일로 해 버렸다.

이이첨의 사주를 받은 유생들은 "대비의 지위와 권한을 폐하라."라는 상소를 잇달아 올렸다. 물러나 있던 이항복과 영의정 기자헌이 "부모가 부족해도 자식은 효도해야 한다."라며 반대했다. 강경론자들은 폐모에 반대한 이항복과 기자헌을 탄핵했고 결국 이들은 유배되고 말았다. 이항복은 북청으로 유배되면서 시 한 수를 남겼다.

철령 높은 봉에 쉬어 넘는 저 구름아
고신원루(孤臣寃淚)를 비 삼아 띄워다가
임 계신 구중심처에 뿌려 본들 어떠리

**허균의 생가(강원 강릉시)** 최초의 한글 소설인 「홍길동전」을 쓴 허균과 그의 누이이자 유명한 여류 시인 허난설헌이 나고 자란 곳이다.

기자헌의 아들 기준격은 아버지를 구하기 위해 "허균이 칠서의 옥에 연루된 심우영, 서양갑과 교류했다."라는 사실을 폭로했지만 광해군은 이번에도 조사를 명하지 않았다. 광해군 초기에 대동법 시행을 주도한 영의정 이원익도 폐모에 반대하다 유배되었다.

허균을 비롯한 강경파는 "역모를 배후에서 조종한 대비를 신하 된 몸으로 모시고 살 수는 없다."라며 분위기를 주도해 나갔다. 하지만 이이첨과 정인홍은 사대부 전체와 등을 질 수는 없다고 판단해 "아들이 어미를 죽일 수는 없다."라며 한 발 뒤로 물러섰다.

상황 판단이 빠른 이이첨은 폐모론을 주도하다가 물러났지만, 허균은 여전히 폐모론을 주장했다. 기존의 유생들은 물론, 무사와 승려들까지 규합해 일부러 민심을 교란시키기도 했다.

허균은 수하들에게 다음과 같이 헛소문을 퍼뜨리게 했다. "북방에서는 오랑캐가 쳐들어왔고, 남쪽에서는 남쪽 섬을 점령한 왜구가 대군을 상륙시킬 준비를 하고 있다." 허균의 수하들이 남대문에 전란에 관한 방을 붙이자 민심은 급격히 동요하기 시작했다.

허균의 행보를 주시하고 있던 유희분과 박승종은 "허균의 폐모 시도는 핑계에 불과하고 실제로는 역모를 꾀하고 있다."라고 광해군에게 넌지시 글을 올렸다. 이이첨도 같은 의견을 올렸다. 서얼 차별 철폐, 신분 타파, 붕당 혁파 등 자신의 이상을 실현하기 위해 세력과 재력을 모으던 허균을 불안하게 여기고 있었기 때문이다. 허균이 자신보다 광해군의 신임을 더 받고 있다는 사실도 달갑지 않았다.

허균에 대한 의심이 나날이 커져 가고 있던 중, 허균의 부하 현응민이 도성을 출입하다가 검문에 걸려 "허균이 혼란을 틈타 한성을 점령할 계획을 세우고 있었다."라고 말해 버렸다.

역모 혐의에서 벗어나지 못한 허균은 군사를 이끌고 온 이이첨에게 체포되어 50세에 형장의 이슬로 사라져 버렸다. 허균의 마지막 진술을 듣지 못해 허균이 실제로 역모를 꾀했는지는 정확히 알 수 없다.

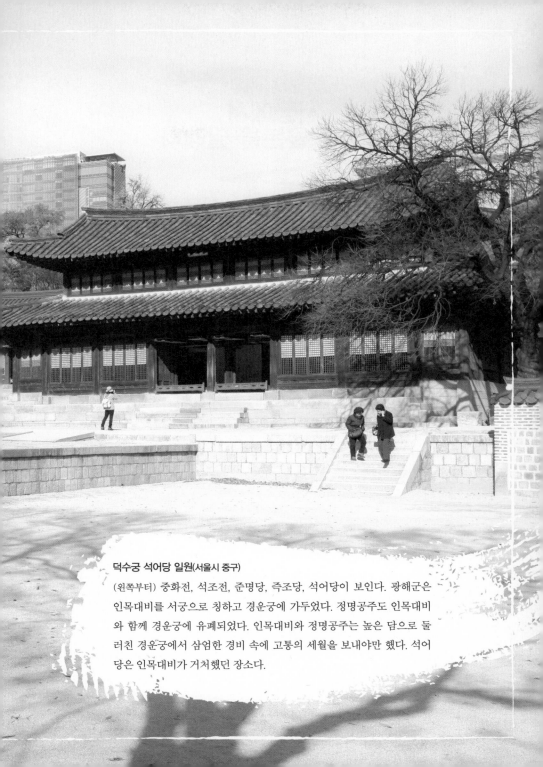

**덕수궁 석어당 일원(서울시 중구)**

(왼쪽부터) 중화전, 석조전, 준명당, 즉조당, 석어당이 보인다. 광해군은
인목대비를 서궁으로 칭하고 경운궁에 가두었다. 정명공주도 인목대비
와 함께 경운궁에 유폐되었다. 인목대비와 정명공주는 높은 담으로 둘
러친 경운궁에서 삼엄한 경비 속에 고통의 세월을 보내야만 했다. 석어
당은 인목대비가 거처했던 장소다.

# 서궁에서
# 서예로 울분을 달래다

## 서궁 유폐

### 정명공주, 마음고생에 마마까지 앓다

계축옥사가 일어난 해 겨울, 11세의 정명공주는 마마, 즉 천연두를 앓았다. '마마'라는 최상의 존칭어를 천연두라는 질병에 붙인 것은 병을 옮기는 신에게 높임말을 써서 신의 노여움을 덜어 주고자 하는 주술과 관련 있었다. 비슷한 맥락에서 이리저리 옮겨 다니는 천연두와 홍역을 각각 '큰 손님'과 '작은 손님'이라 부르기도 했다.

종두법이 알려지기 이전에 천연두는 무시무시한 병이었다. 전염성이 강했을 뿐만 아니라 치사율도 높았다. 잘못 치료하면 얼굴에 마마 자국이 남아 평생 흉한 얼굴을 지니고 살아야 했다. 임진왜란 중 허준은 광해군의 마마를 고치면서 문반을 뜻하는 동반(東班)이라는 자리까지 올랐다. 마마를 고치는 것이 그 정도로 중한 일이었다.

하지만 정명공주가 마마에 걸렸다는 소식을 접한 광해군 측 사람들은 병을 고치려 하는 것이 아니라 인목대비도 마마에 걸려 죽기를 바라는 것처럼 행동했다. 『계축일기』에 그때의 상황이 자세히 적혀 있다.

납향(臘享, 동지 후 셋째 미일(未日)인 납일(臘日)에 한 해 동안 지은 농사 형편과 그 밖의 일을 여러 신에게 고하는 제사) 제사에 쓸 돼지를 많이 들여오면서 환관이 중전에게 "어떻게 들일까요?"라고 물었더니 "패어서 들이라."라고 대답하셨다.

이에 차비문(差備門, 궁궐 정전의 앞문)에서 도끼로 돼지, 사슴, 노루를 토막 치는 소리가 침실까지 들렸다. 그 고기를 장대에 꿰어 들이밀면서 "조금 있다 명하면 그때 들이라."라고도 했다.

환관을 큰 소리로 꾸짖으니 "우린들 어떻게 하겠소. 전에는 그냥 통째로 들이라 하더니 올해는 어인 일인지 토막을 쳐서 들이라 하니 그리 하는 것이오. 그러니 군말 말고 들이시오."라고 대꾸했다. 사람이 미처 받지 못하면 군사들이 들고 와서 내동댕이쳤다.

마마에는 칼질과 도끼질이 가장 흉한 줄 알고 일부러 토막을 내어 들인 것이다. 신병께서 잔인한 짓으로 여기시고 되레 도와주셔서 공주는 마마를 가볍게 앓아 넘기셨다. 광해군에게 넘어갔던 나인들이 마마 신이 나가지 못하도록 하였는데도 공주는 순하게 앓았다.

## 정명공주, 인목대비와 함께 서궁에 유폐되다

조정에서 연일 인목대비의 존호를 폐해야 한다고 아뢰자 광해군이 마지못한 듯 명을 내렸다. "대비의 존호를 없애고 서궁으로 칭하라. 앞으로

**덕수궁 석어당(서울시 중구)** 경운궁(지금의 덕수궁)에서 인목대비가 생활하던 곳이다. 석어당은 경운궁에 유일하게 남아 있는 중층 건물로 단청을 하지 않아 소박한 살림집 분위기가 물씬 풍긴다.

폐모를 거론해 의리를 저버리는 일이 없도록 하고 예우를 낮춰야 할 것은 자세히 의논해 거행토록 하라."

1618년(광해군 10년) 1월 28일부터 인목대비 김씨는 '대비'가 아닌 '서궁(西宮)'으로 불렸다. 경운궁(옛 정릉동 행궁)은 광해군이 있던 창경궁의 서쪽에 있어서 서궁이라고도 했는데, 인목대비를 후궁으로 낮추면서 그녀의 궁호도 '서궁'으로 정한 것이다. '서궁'은 경운궁을 의미하면서 동시에 '창덕궁 서쪽에 있는 후궁'을 의미하게 됐다. 광해군은 '서궁'이 있는 서궁 주변에 높은 담장을 쌓고 삼엄한 경비까지 펴게 했다.

훗날 광해군의 죄상 중 가장 큰 부분을 차지했던 것이 인목대비의 서궁 유폐였다. 외부로 통하는 문이란 문은 모두 경첩을 박아 폐쇄했고 담장을 높이 쌓은 것으로도 모자라 그 위에 가시를 얹었다. 집 둘레에 가시로 울타리를 치고 유배된 죄인을 그 안에 가두는 위리안치나 다름없었다.

정명공주도 인목대비와 함께 서궁에 유폐되고, '공주의 봉급과 혼인은 옹주의 예에 의한다.'라는 폐비절목(廢妃節目)에 따라 옹주로 강등되었다. 하지만 폐비절목의 규정은 예외적인 조항에 불과했기 때문에 사실상 서인으로 강등된 것이나 다름없었다.

정명공주가 유폐되었을 때의 나이는 16세였다. 당시로서는 혼기가 지나도 한참 지난 때였지만 혼인하지 못했다. 정명공주를 그대로 늙어 죽게 하려고 그랬는지는 몰라도, 광해군은 부마 간택령을 내릴 생각조차 하지 않았다. 정명공주는 서궁에 갇힌 채 꽃다운 10대를 보내야만 하는 운명에 처했다.

엎친 데 덮친 격으로 인목대비와 정명공주가 서궁에서 사용해 오던 물품은 모두 회수됐다. 생활용품은 물론 물과 땔감도 들여놓지 못하게 했다. 서궁에 제공한 것이라고는 목숨을 부지할 정도의 양식뿐이었다.

서궁에는 쓰레기를 버릴 빈터도 없어 지저분했고 더러운 물건이 마구잡이로 쌓여 있어 악취가 진동했다. 구더기가 보기 힘들 정도로 들끓었는데, 방 안은 물론 밥을 지어 먹는 솥 위에까지 올라왔다. 물로 씻고 또 씻어도 어디서 왔는지 또 솥 위를 기어 다녔다. 누가 시켰는지 알 수 없는 나인들이 불을 질러 대비와 공주의 목숨을 위협했다. 살아도 사는 것이 아니었다.

『계축일기』에는 인목대비와 정명공주가 서궁에서 자급자족해야 했던 참혹한 생활이 묘사되어 있다.

쌀을 일 바가지가 없어 소쿠리로 쌀을 일었다. 까마귀가 박씨를 물어왔는데, 한 해 걸러 두 해째에는 쪽박이 되고, 세 해째에는 중간 크기의 박이 되고, 네 해째에는 큰 박이 되더라.

내인들은 솜도 없이 칠팔 년 동안 겨울을 지냈다. 햇솜이 없어 추워서 벌벌 떨며 서러움을 삼켰는데, 우연히 면화씨가 섞여 들어왔기에 그것을 심어 씨를 냈다. 두세 해째는 많이 피어 옷에 솜을 넣어 입었다.

사계절이 다 지나도록 햇나물을 얻어먹을 길이 없었다. 가지와 외(참외)와 동아씨가 짐승의 똥에 들어 있기에 그것을 심어 길러서 나물 상을 차렸다.

해가 지나 담이 무너져도 고칠 수 없어 내인이 담을 쌓았고, 우물이 허물어지니 보기에 하도 민망하여 헐고 달구질(땅을 다지는 도구인 달구로 집터나 땅을 단단히 다지는 일)하여 고쳤다.

## 인목대비의 「민우시」, 반정 세력을 울렸나

선조, 인목대비, 정명공주의 서예 작품은 모두 한석봉의 필법을 따르고 있다. 생전에 한석봉을 적극 후원했던 선조는 한석봉의 작품을 병풍으로 만들어 놓고 매일 감상하기도 하고, 자신이 한석봉의 필법에 따라 직접 쓴 작품을 병풍으로 만들기도 했다. 선조는 한석봉에게 천자문을 쓰게 하고 『한석봉 천자문』을 간행해 전국에 배포할 정도로 한석봉과 그의 필법을 아꼈다.

　어릴 때부터 붓글씨에 타고난 재능을 보인 인목대비는 힘이 넘치는 한
석봉 서체에도 능했다. 인목대비는 한석봉 서체를 좋아하는 선조와 함께
끊임없이 글씨 연습에 매진했다. 선조는 미모를 갖춘 데다 한석봉 서체
에 능한 아내가 한없이 사랑스러웠을 것이다. 사람은 단지 외모에만 이
끌리지는 않는다. 외모에는 살아온 이력이 담기고, 예술적인 동지 의식은
영혼을 뒤흔들기 마련이다.

　하지만 선조의 승하 이후 인목대비는 온갖 참담한 일을 겪었고, 서궁
유폐 시절 그 고통을 시로 남겼다. 인목대비가 친필로 쓴 「민우시(憫牛
詩)」는 영창대군을 잃고 비참하게 살아가는 현실을 구박받는 소에 빗댄
것으로, 문장과 글씨가 모두 뛰어난 작품으로 평가받고 있다.


　　늙은 소가 논밭갈이 힘쓴 지가 이미 여러 해
　　목둘레 가죽은 찢기고 뚫어져도 잠은 즐거워라
　　쟁기질 써레질 끝나고 봄비도 넉넉한데
　　주인은 어찌 괴롭게도 또 채찍을 휘두르나


　'늙은 소'는 자신을, '목둘레 가죽'은 서궁을, '잠'과 '봄비'는 서궁 생활
에 대한 적응을, '채찍'은 영창대군의 죽음을 비유하는 것으로 보인다.
'주인'은 광해군으로 볼 수도 있고, 선조로 볼 수도 있다. 광해군으로 본
다면 자신을 '선조의 후궁'으로 격하해 서궁에 유폐한 데 대한 원한이 드

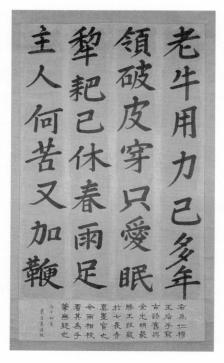

**인목대비 친필 족자(칠장사)** 인목대비는 억울하게 죽은 친정 아버지 김제남과 아들 영창대군을 생각하며 지은 「민우시」를 직접 써서 만든 족자다.

러나 있다고 해석할 수 있고, 선조로 본다면 지아비를 그리고 있지만 지아비는 아무 것도 해줄 수 없는 상황을 한탄하는 마음이 표현되어 있다고 해석할 수 있다.

「민우시」는 어찌할 수 없는 상황에 처한 인목대비가 자신에게 닥친 불행에 괴로워하며 스스로에 대한 연민을 드러낸 시다. 감성이 눈물처럼 뚝뚝 묻어난다. 인목대비가 친필로 쓴 「민우시」는 문장과 글씨가 모두 뛰어난 수작으로 평가받고 있다.

정명공주의 남편인 홍주원의 후손 홍양호(1724~1802)는 문장과 글씨로 유명했는데, 「민우시」를 다음과 같이 평했다. "말마다 뼈를 찌르는 듯하고 글자마다 마음을 부러뜨리는 듯하니 이 글을 읽는 사람치고 책을 덮고 울지 않는 이 있으리오."

시대가 바뀌기 위해서는 사람의 가슴을 울리는 그 무엇인가가 있어야 한다. 반정 이전에 「민우시」가 알게 모르게 서인을 중심으로 읽혔다고 본다면 대비의 시가 막후에서 반정을 촉발하는 데 기여했다고 할 수 있을 것이다.

인목대비가 인조반정 덕분에 복권된 것은 사실이나, 시에서도 절절히 느껴지는 대비의 원한이 광해군에게 '화려한 정치'에 대한 후과를 톡톡히 치르게 했는지도 모른다.

### 정명공주, 누구를 위해 「화정」을 썼나

「화정」을 비롯한 여러 서예 작품을 남긴 정명공주는 조선 최고의 여성 서예 작가로 평가받고 있다. 정명공주의 작품 대부분은 서궁 유폐 시절에 쓰였는데, 그 중 「화정」은 글자 하나의 사방이 각각 73cm나 되는 대작이다. 누가 보아도 선이 굵고 힘이 넘치는 것을 느낄 수 있다.

미술사가들도 "이런 큰 글씨는 남자의 힘으로도 감당하기 힘든데, 연약한 여성의 체력으로 이런 글을 썼다는 것은 중국에도 유례가 없을 정도로 놀라운 일이다. 결구(結構), 필력(筆力), 운필(運筆)이 어느 하나 머뭇거림 없이 당당하다. 타고난 명필이 아니고서는 불가능한 일이다."라고 평했다.

「화정」이 쓰여진 시기는 정명공주가 서궁에 유폐된 시절이라고 알려져 있다. 하지만 필력과 결구의 세련미로 보아 환갑을 전후한 시기에 썼을 것이라고 추측하기도 한다. 현종 때에는 송시열이 정국을 주도하고 있었고, 남편 홍주원이 송시열과 뜻을 같이 하고 있었으므로 이들을 격려하기 위해 「화정」을 썼다고 보는 것이다.

이 작품은 정명공주 생전에 알려지지 않았다. '문한(文翰)은 부인들이 할 일이 아니다.'라는 유교적 습속 때문에 자신의 작품이 남에게 알려지는 것을 꺼렸을지 모른다. 「화정」은 정명공주가 죽은 후 막내아들에게 물려졌다. 그는 혹시라도 「화정」이 사라질까 두려워 여러 벌의 탁본을 떠서 친인척과 주변 지인들에게 나눠 주었는데, 그 중 남구만에게 발문을 써 달라고 부탁했다.

조선 후기의 문장가이자 서화가인 남구만은 저서 『약천집』에서 정명공주의 필적에 대해 다음과 같은 글을 썼다.

인목대비가 서궁에 있을 때 아직 혼인을 하지 않은 정명공주가 옆에서 인목대비를 가까이 모시고 있었다. 슬프고도 분하지만 두려움 속에서도 조심스러워하셨다. 하지만 달리 할 일이 없으셔서 붓을 잡고 큰 글자와 작은 글자를 썼는데, 이

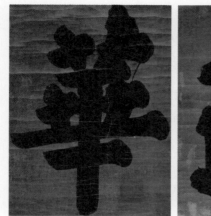

**「화정」 글씨(간송미술관)** 정명공주가 석봉체로 쓴 글씨다. 인장에 정명공주(貞明公主)라는 붉은 글씨가 보인다.

는 모두 인목대비의 마음을 위로하고 풀어 드리기 위한 것이었다. ……

정명공주의 글씨를 받들어 보니 마치 선조대왕의 필법에서 나온 듯했다. 필적의 기상이 웅건할 뿐만 아니라 온화하면서도 두터워 규중에서 나온 것이라고는 믿기지 않는다.

정명공주는 절망에 빠진 어머니를 위로하기 위해 남자가 쓰기에도 힘에 부친다는 한석봉의 필법을 연마했다. 인목대비는 공주의 붓글씨를 보며 남편의 글씨를 보는 듯한 느낌을 받으며 잠시나마 시름을 덜었을 지 모른다. 즐거워하는 인목대비를 보며 정명공주는 글씨 연습에 더욱 매진했을 것이다. 모녀가 서궁에 유폐된 비극적 상황은 정명공주를 조선 최고의 여류 서예 작가 반열에 올려놓았다.

## 「화정」에서 더 넓은 세상을 보다

1613년(광해군 5년) 인목대비는 계축옥사로 아들 영창대군을 빼앗겼고, 친정아버지는 역적으로 몰려 죽임을 당했다. 절망에 빠진 인목대비에게 마지막 남은 가족은 딸 정명공주뿐이었다. 인목대비는 광해군이 정명공주까지 빼앗아 갈까 두려웠다. 광해군이 공주의 소식을 물어올라치면 "이미 죽었다."라고 둘러댔다.

공식적으로 죽은 정명공주가 할 수 있는 일은 아무 것도 없었다. 자신의 방에 틀어박혀 서궁 안에서도 출입을 삼간 채 실제로 죽은 듯이 지냈다.

이렇게 어릴 적부터 불우한 환경에서 자란 정명공주는 나이답지 않게 이성적인 사고를 했다. 감성이 시키는 대로 해서는 살아갈 수 없는 환경이었지 않은가. 그만큼 비극은 정명공주를 단련시켰다. 그 단련의 결과가 바로 「화정」이었다.

정명공주는 '화려한 정치'가 아닌 '빛나는 다스림'을 가슴 속에 새기며 스스로를 위로했다. 당장은 '화려한 정치'가 자신을 핍박하더라도 언젠가 자신을 다스렸던 '빛나는 다스림'이 그 빛을 드러낼 것이기에, 정명공주에게 몸만 간신히 뉘일 수 있는 방 안은 세상 끝에 닿을 수 있을 정도로 넓은 공간이었다.

없는 듯이 지내는 것만이 정명공주가 할 수 있는 모든 것이었으나, 이는 바깥 세상에 있는 광해군도 보위에 오르기 전 그렇게 했던 것이었다. 정명공주는 세상에서 가장 작은 공간에서 자신부터 빛나게 다스리며 온 세상을 품을 수 있는 힘을 키워 나갔으리라.

**남한산성(경기 광주시)**

임진왜란으로 황폐화된 조선은 무엇보다 전후 복구 사업과 국방에 힘써야 했다. 광해군은 혹시 모를 전란에 대비해 남한산성 등 성곽을 개축하고 병사를 훈련시켰다. 이때 산성을 잘 완비한 덕분인지 병자호란 때 인조는 남한산성에서 45일을 버틸 수 있었다. 〈경기문화재단 제공〉

# 중립 외교의
# 싸늘한 결말

## 살이호 전투

**광해군, 후금을 다독거리며 국방에도 힘쓰다**

1592년 6월 14일 선조가 요동으로 도망갈 생각을 하며 광해군에게 분조를 맡겼다. 분조를 이끈 광해군은 평안도와 함경도 일대를 두루 돌며 압록강 너머에 있던 건주여진(建州女眞, 남만주의 건주 지역에 흩어져 살던 여진족)의 동향을 수시로 보고받을 수 있었고 명군 지휘관들과의 접촉을 통해 후금의 동향을 전해들을 수도 있었다. 따라서 광해군은 후금의 위력에 대해 누구보다 잘 인식하고 있었다.

명과 조선, 일본이 전쟁을 벌이는 동안 명은 쇠퇴했지만, 여진족은 북방에서 급속히 성장하고 있었다.

1608년(광해군 즉위년)에는 압록강 일대에서 누르하치가 선박을 건조해 조선을 침략하려 한다는 소문까지 돌았다. 12월 북경에서 돌아온 황신은 누르하치의 위협에 대해 "후금의 기마병은 빠르기가 바람 같아 도망갈 수조차 없다."라고 전했다. 광해군이 즉위한 이후 동북아시아의 정세는 크게 변하고 있었다.

하지만 임진왜란이 끝난 지 얼마 되지 않아 여전히 전란의 후유증에 시달리고 있어 후금과의 전쟁은 생각조차 할 수 없는 상황이었다. 광해군은 누르하치의 건주여진에 대해 기미(羈縻, 말의 얼굴에 씌우는 굴레와 소를 붙잡아 매는 고삐) 정책을 유지하면서 원만한 관계를 유지해 나갔다. 기미는 원래 중국이 주변 오랑캐를 다루는 정책이었다. 중국은 오랑캐를 다독거리면서 일정한 관계를 유지하고 정복하는 적극적 방식은 피했다.

만약을 위해 침략에 대비하려는 노력도 병행하며 힘을 길렀다. 대신들은 재빠른 후금의 기병을 막기 위해 총포 제작에 중점을 두어야 한다고 건의했다. 이 건의를 받아들여 광해군은 1614년(광해군 6년) 기존의 조총청을 확대해 화기도감으로 개칭했다.

광해군은 명에 가는 사신에게 화약의 원료인 염초도 대량으로 구입하도록 명령했다. 염초 제조법은 군사 기밀로 여겨져 직접 제작하지 못했기 때문이다. 덕분에 명은 염초 수출로 막대한 이익을 얻었다. 전시작전권을 가진 미국이 각종 첨단 무기와 고고도 미사일 방어체계인 '사드(THAAD)'를 도입하도록 하는 것과 크게 다르지는 않을 것이다.

뛰어난 장수와 병력을 확보하는 데도 총력을 기울였다. '홍의장군'으로 명성을 날렸던 곽재우를 발탁해 함경 감사로 제수했고, 성우길을 북도 병사로 임명했다.

남한산성 등 성곽을 개축하고 병기를 수리했으며, 병사들을 훈련시켰

**남한산성(경기 광주시)** 신라 때 쌓은 주장성 터를 활용해 축성한 조선의 산성이다. 인조가 1624년 다시 고쳐 쌓았다. 우리나라 산성 가운데 가장 잘 완비된 산성으로 꼽히며 2014년 유네스코 세계문화유산에 등재되었다.

다. 훗날 병자호란이 일어났을 때 인조가 남한산성에서 45일이나 청의 군대에 저항할 수 있었던 것은 남한산성을 개축하고 군사를 훈련하는 등 광해군의 꾸준한 준비 덕택에 가능했던 것일지도 모른다.

### 살이호 전투에서 조선군 3분의 2가 전사하다

광해군이 건주여진에 대해 기미정책을 쓰면서 두 나라 사이에는 평화가 유지되는 듯했지만, 1616년(광해군 8년) 누르하치는 기어이 여진족을 복속시킨 후 나라를 세워 국호를 '후금'이라 칭하고 왕위에 올랐다. 1618년에는 푸순을 점령하고 명에 선전 포고를 했다. 그러자 명은 요동 정벌을 위해 조선에 원군을 요구했다. 조선 조정에서는 이를 두고 논란이 벌어졌다.

명에 지원병을 보냈다가 강성해진 후금과의 관계가 악화되면 다시 후금과 일전을 치러야 할 수도 있었기 때문이다. 조선은 또다시 전쟁을 벌일 상황이 아니었다. 임진왜란 이후 정국을 재정비하는 일만으로도 벅찼다. 게다가 명의 지원을 받은 대가로 명군이 저지른 토색질이 조선 땅을 너무 피폐하게 만들었다는 이유도 있었다.

1602년 명의 황태자 책봉 사실을 반포하려고 조선에 왔던 고천준의 탐욕이 어찌나 심했던지, 실록에 "의주에서 서울에 이르는 수천 리에 은과 인삼이 한 줌도 남지 않았고, 조선 전체가 전쟁을 치르는 것 같았다."라고 기록되어 있을 정도다.

하지만 조선의 사대부들은 대부분 명이 끼치는 피해보다 황제의 나라가 제후국인 조선을 구원하고 재건해 준 은혜(재조지은, 再造之恩)를 강조했다. 이들은 임진왜란 때 조선을 지킨 주체가 명의 지원병이 아닌 조선의 백성이었다는 사실을 인정하지 않았다. 그들은 명의 원병 요청이 오자 즉각 군사를 보내야 한다고 주장했다.

광해군의 생각은 달랐는데, 이는『광해군일기』에 잘 드러나 있다.

당초에 강홍립 등이 압록강을 건너게 된 것은 명 조정의 징병 독촉을 거부하기 어려워 억지로 출병시킨 것이다. 우리나라는 애초부터 후금을 원수로 적대하지 않아 실로 상대해 싸울 뜻이 없었다.

광해군은 평계를 대며 군사를 움직이지 않다가 1618년 7월 마지못해 출정군을 구성하기로 했다. 1619년 2월 21일 도원수 강홍립, 부원수 김경서, 좌영장 김응하가 1만 3,000명의 대군을 이끌고 출발했다. 조선의 군대는 압록강을 건너 양호가 이끄는 9만여 명의 명군과 합류했다. 양호는 임진왜란 때 울산 전투에 참전했던 장수다.

양호는 신속하게 진군하기 위해 토벌군을 4개의 부대로 나누었다. 누르하치 군과 마주치면 재빨리 힘을 합해 집중 공격한다는 작전을 세워놓았던 것이다.

4개의 부대는 두송이 이끄는 서로군, 마림이 이끄는 북로군과 해서여진의 예허부 증원군, 이여송의 친동생 이여백이 이끄는 남로군, 유정이 이끄는 동로군과 조선군 원병으로 나누어졌다. 이여백은 일본군이 퇴각할 때 형인 이여송으로부터 추격 명령을 받고도 한강을 건너기 전에 발이 아프다는 평계로 되돌아간 인물이다.

누르하치는 명군의 작전을 오히려 역이용해 각개 격파할 계획을 세웠다. 첫 재물은 두송의 서로군이었다. 명군의 각 진영은 동시에 출발하기로 했다. 그런데 산하이관 총병 두송이 전공을 욕심냈다. 그는 자신의 휘하에 있는 3만 명의 군사를 이끌고 누르하치가 머물고 있던 계번성으로 먼저 진격했다. 하지만 누르하치의 아들 홍타시가 이끄는 4만 5,000명의 팔기군에게 대패했다.

뒤따라오던 마림은 두송군의 패잔병을 합류시키고 세 곳에 임시 요새를 만들었으나, 누르하치는 병력을 집중해 요새를 각개 격파했다. 명군에

**누르하치(1559∼1626)**  여진의 대부분을 통일하고 국호를 '후금(後金)'이라 칭했다. 후금의 초대 황제로서 훗날 청 태조가 되었다.

게는 화포가 있었지만 발사 속도가 느려 빠르게 돌진해온 후금의 기병에 제압당했다.

누르하치는 자신의 병사 몇 명을 명군의 전령으로 위장시켜 유정의 동로군에게 보냈다. 가짜 전령은 유정에게 "두송이 목표인 허투알라에 접근하고 있으니 동로군이 빨리 와 줘야겠다."라고 하면서 지원을 요청했다. 유정은 합류 작전에 부응해 두송을 돕기 위해 진군 속도를 높였으나, 그들을 기다리고 있던 군대는 미리 매복하고 있던 후금군이었다.

유정군은 누르하치의 차남 다이샨의 급습을 받았다. 유정을 비롯한 예하 장수들은 고군분투했으나 후금군의 공격을 견디지 못했다. 결국 그들은 화약포 위에 앉은 상태로 불을 붙여 집단 자폭하고 말았다.

유정군을 뒤따르던 조선군의 좌영장 김응하는 급히 목책을 설치하고 화포를 쏘아댔지만 갑자기 돌풍이 부는 바람에 전사했다.

강홍립은 싸움에 적극적으로 임하지 않고 산으로 올라가 진을 쳤다. 완전히 포위된 채 잠시 소강상태에 접어들었을 때, 강홍립은 "명군 장수들의 명령을 그대로 따르지 말고 형세를 보아 향배를 정해 오직 패하지 않는 전투가 되도록 하라."라는 광해군의 밀명에 따라 후금군에 투항했다.

한편, 서로군, 북로군, 동로군이 전멸했다는 소식을 들은 양호는 남로

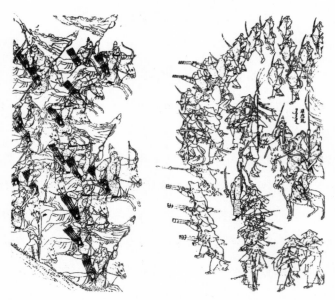

**살이호 전투** 1619년 명의 무순 근처 심하에서 명과 후금 사이에 벌어진 전투 장면을 묘사한 그림이다. 이 전투에서 명이 크게 패하고 후금은 만주 지역을 차지했다.

군을 이끄는 이여백에게 후퇴하라고 명하고 자신도 요동으로 도주했다. 남로군이 다투어 달아나는 과정에서 수천 명의 명군이 압사당했다. 살이호에서의 전투는 조·명 연합군의 대패로 끝났고, 이 패배를 계기로 명은 국력을 크게 상실했다.

### 갈 길을 잃은 중립 외교

포로가 된 강홍립은 광해군에게 받은 비자금을 후금의 궁중에 뿌리면서 조선군의 출병이 부득이하게 이루어졌다는 사실을 알렸다. 1619년(광해군 11년) 4월 2일 강홍립은 다음과 같은 장계를 보냈다.

신이 배동관령에 도착해 후금의 역관을 보내서 '비록 명의 재촉으로 여기까지 왔지만 배후에 있으면서 접전하려 하지 않았다.'라고 후금에 알렸기 때문에 전투에 패한 후에도 서로 잘 지내고 있습니다. 화친이 이뤄진다면 신들은 속히 돌아갈 수 있을 것입니다.

강홍립을 통해 광해군의 의도를 알게 된 후금은 조선의 상황을 이해한다는 뜻을 전해 왔고, 광해군은 호의를 표시하기 위해 많은 물자를 보냈다. 강홍립은 부원수 김경서 등 10여 명과 함께 후금에 계속 억류되었으나, 강홍립이 투항한 이듬해인 1620년 억류된 조선 포로들은 석방되어 귀국했다.

하지만 후금과의 전투에서 조선 군사는 1만 3천여 명 중 9천 명이나 전사했다. 후금과 교전을 피하려던 중 강홍립과 김응하가 서로 손발이 맞지 않아 조선군 태반이 죽음을 맞이했기 때문이다. 후금은 살아남은 4천여 명 가운데 건장한 자는 후금의 병력에 편입시키고 나머지는 농사에 동원했다. 조선의 입장에서는 1만 3천여 명의 장정이 사라져 버린 것과 마찬가지였다.

광해군이 승패가 뻔히 보이는 대형 전투 이후의 참담한 결과를 예측하지 못했을 리 없다. 하지만 광해군에게는 주도적으로 선택할 여지가 없었다. 숱한 옥사로 조정에는 제대로 된 인재가 사라졌고, 대동법은 1년도 채 되지 않아 흐지부지해졌다.

국방에 신경을 쓰려고 노력하긴 했지만 궁궐 공사로 국력을 낭비해 집중적으로 관리하지 못했다. 나라의 상황을 보면 후금과 싸울 수 없었지만, 그렇다고 명의 지원 요청을 거절할 수도 없는 노릇이었다.

광해군은 자신의 정권을 유지하기 위해서라도 명의 지원에 응하면서 후금의 심기를 건드리지 않기 위해 싸우는 둥 마는 둥 할 수밖에 없었다. 이것이 광해군의 한계, 조선의 한계였다. 그런데도 '어쩔 수 없는 선택'이 실리 외교로 포장된 측면이 있다.

### 광해군, 과연 탁월한 외교 전문가였나

인조반정을 일으킨 세력이 내세운 명분은 크게 두 가지였다. 하나는 광해군이 선조의 정비인 인목대비를 유폐하고 그의 소생인 영창대군을 살해해 인륜을 저버렸다는 것이었고, 다른 하나는 광해군이 명에 대한 사대를 저버렸으니 그것을 바로잡는다는 '친명 배금'이었다.

친명 배금은 명분도, 실리도 없는 주장이다. 명이든 후금이든 다른 나라를 맹목적으로 숭상하는 것은 모두 사대주의에 불과하다. 광해군이 후금과 가까이했다고 해서 후금을 사대했다고 볼 수는 없다. 문제는 친명 배금이 아니라 광해군의 외교가 초래한 결과다.

최근 교과서들은 약속이나 한 듯이 광해군의 외교를 실리를 위한 중립 외교로 평가하고 있다. 중도 입장의 교과서로 평가받는 리베르스쿨의 『고등학교 한국사』 교과서도 마찬가지다.

임진왜란을 겪는 동안 명의 국력이 약해진 틈을 타서 후금을 세운 여진족의 누르하치가 명을 공격하였다. 이에 명이 조선에 지원병을 보내 달라고 요청하자 조선은 명의 요구를 받아들여 1만 3천 명의 병사를 보냈다. 그러나 광해군은 장수 강홍립에게 후금을 자극하지 말고 휴전을 맺고 돌아오라고 명하는 한편, 명이 모문룡 부대를 압록강 입구에 주둔시키자 식량을 지원하기도 하였다. 이처럼 광해군은 명과 후금의 싸움에 말려들지 않고 조선의 사정에 맞추어 실리를 취한 중립 외교 정책을 펼쳤다.

광해군이 이렇게 탁월한 외교 전문가로 부각되고 있는 것은 1959년 이병도가 「광해군의 대 후금 정책」이란 논문에서 명과 후금의 틈바구니에 낀 광해군이 중립 외교 정책을 편 것을 높게 평가한 데 기인한다. 문제는 이병도의 학설이 일본인 학자 이나바 이와키치의 주장을 그대로 가져왔다는 사실이다.

이나바 이와키치는 「광해군 시대의 만주와 조선의 관계」라는 박사 학위 논문에서 명의 편에서 후금을 공격해야 한다고 주장한 신하들은 현실에 어두운 명분주의자로 깎아내렸고, 현실을 고려해 중립 외교를 편 광해군은 애민 군주로 높게 평가했다.

하지만 이런 해석은 조선과 만주의 역사를 하나로 보는 만선사관(滿鮮史觀)에 입각한 것이다. 그는 만주(후금, 청)와 조선이 떼려야 뗄 수 없는 관계에 있다고 보았기 때문에 명과 후금 중 어느 쪽에도 휩쓸리지 않았던 광해군의 중립 외교를 탁월한 선택으로 생각했다.

더 나아가 이나바는 일본이 명과 조선을 상대로 전쟁을 벌인 덕분에 누르하치가 이끄는 북방의 여진족이 급격히 성장하여 후금이 될 수 있었으며, 따라서 일제도 예전에 그랬던 것처럼 만주국을 도와야 한다는 논리를 폈다. 일본의 만주 침략과 조선 지배를 합리화하려는 의도가 깔려 있었다.

물론 광해군의 중립 외교를 탁월한 외교적 선택으로 본 일본인의 사관을 무조건 폄하할 필요는 없다. 광해군의 중립 외교를 당시 명이 기울고 청이 새롭게 떠오르는 국제 정세 속에서 외부와의 충돌을 최대한 피하고 나라의 내실을 다질 수 있는 기반 마련을 위한 것이라고 볼 수도 있다.

하지만 당시 조선에 실제로 필요한 것이 무엇이었는지가 평가의 기준이 되면 문제는 달라진다. 중립 외교는 결과적으로 만족할만한 결과를 가져오지 못했다.

중립 외교가 필요했다 하더라도 조선 군사는 심각한 피해를 입었다. 포로들은 후금의 부역에 동원되었으며, 종국에는 후금이 조선을 침입하는 데 도움을 주었다. 이 사실을 간과해서는 안 될 것이다.

광해군이 옥사나 궁궐 공사로 국력을 소진하지 않고, 명과 힘을 합쳐 후금과 대응할 준비가 되어 있었다면 군사의 대다수를 잃지도 않았을 것이고, 포로들이 후금을 돕는 일도 없었을 것이다. 또 명과 청 사이에서 지렛대 같은 역할을 할 수도 있었을 것이다. 혹은 처음부터 후금에 투항할 적극적인 의사가 있었다면 격렬한 전투를 피할 수도 있었을 것이다.

하지만 조선군은 이도 저도 아닌 자세로 전투에 임하다가 참담한 패배를 맛보았다. 심지어 강홍립은 1627년(인조 5년) 정묘호란 때 후금의 길잡이가 되었다. 광해군의 중립 외교는 실리 외교였다고 하지만 조선으로서는 감당하기 힘든 후과를 치러야 했다.

**세검정(서울시 종로구)**

서인 세력은 광해군을 몰아내고 인조를 새로운 왕으로 세우는 반정을
도모했다. 이귀, 김류, 이괄 등은 군대를 동원했고, 반정군은 세검정에서
칼을 씻으며 다시 한 번 결의를 다졌다. 반정군의 대장 김류는 군사를 이
끌고 왕이 있는 창덕궁으로 무혈입성하기에 이른다.

# 왕이 쫓겨 가고
# 공주가 돌아오다

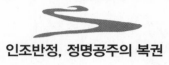

## 인조반정, 정명공주의 복권

### 서인 세력, 반정의 꿈을 키우다

조선 제16대 왕 인조는 조선 역사상 두 번째 반정을 통해 왕위에 올랐다. 인조는 선조의 다섯 번째 아들인 정원군의 장남으로 황해도 해주에서 태어났다. 인조가 해주에서 출생한 이유는 당시 왜구의 침입으로 왕족들이 해주에 피신 중이었기 때문이다.

인조의 할아버지인 선조는 14명의 아들을 두었으나, 늦은 나이에 얻은 영창대군을 제외하고는 모두 후궁의 소생이었다.

선조는 인빈 김씨와 그녀의 소생을 좋아했다. 정철이 세자 책봉 문제를 제기했을 때, 선조는 광해군이 아닌 인빈 소생의 신성군을 염두에 두고 있었다. 하지만 대신들은 인품과 학식이 뛰어난 광해군이 적임자라고 주장해 선조와 갈등을 빚기도 했다. 세자 책봉을 미루고 미루던 선조는 임진왜란이 일어나자 어쩔 수 없이 광해군을 세자로 세웠다.

인빈 김씨의 소생들은 광해군의 등극에 불만을 가질 수밖에 없었다. 신성군은 이미 죽고 없었지만 인빈 김씨에게는 아직 아들이 셋이나 있었다. 또한 신성군의 동생 정원군에게는 능양군(인조) 외에도 능원군, 능창군, 능풍군 등 네 명의 아들이 있었다. 특히 능창군은 신성군의 양자로 입적되어서 광해군에게 가장 위협적인 존재였다. 하지만 능창군은 모반죄로 모함을 받아 17세의 나이로 죽임을 당했다.

평소 무예에 능하고 인망도 높았던 능창군과는 달리 능양군은 어려서부터 말이 별로 없고 감정을 잘 표현하지 않았다. 능양군이 선조의 총애를 받았다고 하지만, 조용한 성격 때문에 크게 눈에 띄지는 않았다. 인조는 즉위한 후에도 말이 별로 없어 가까이서 모시던 궁녀들도 인조의 목소리를 잘 듣지 못할 정도였다고 한다.

한편, 선조의 유명을 받들어 영창대군을 지지했던 일곱 명의 고명대신 등 서인 세력 상당수가 계축옥사와 인목대비 유폐 사건 때 사형당하거나 유배되었다. 정계에서 밀려난 서인은 일찌감치 반정의 꿈을 키우고 있었다. 먼저 뜻을 모은 이서, 신경진 등이 이귀, 김자점, 김류, 최명길, 이괄 등 서인 세력과 손을 잡았다.

### 이귀의 역모설, 김개똥이 차단하다

이귀, 김류, 이괄은 군대를 동원하기로 했다. 당시 이귀는 평산 부사로 있었고, 김류는 정계에서 쫓겨난 상태였으며, 이괄은 함경도 병마사에 제수되어 임지로 떠나야 할 처지였다.

**이귀(1557~1633)** 이이와 성혼에게 학문을 배운 조선 중기의 문신이다. 인조반정에서 주도적인 역할을 함으로써 일등공신으로 책봉됐다.

반정을 일으키기 일 년 전인 1622년 이귀는 "평산에 호랑이가 자주 출몰하므로 호랑이를 사냥하는 병사들이 도의 경계에 구애받지 않고 무장한 채 활동할 수 있도록 해 달라."라는 상소를 올렸다. 이귀가 큰 호랑이를 잡아 바치자 광해군은 크게 기뻐하며 "호랑이를 사냥할 때 경계에 국한되지 않도록 하라."라고 허락했다. 이제 반정군은 군부대가 경비하는 위수 지역을 벗어나 도성까지도 군사를 동원할 수 있게 된 것이다.

이 때문에 서인이 정변을 일으키려 한다는 소문이 퍼졌다. 대간은 이귀를 잡아다 문초할 것을 주청했고, 이귀는 "누가 무슨 말을 했는지 신과 대

질시켜 주십시오.”라며 정면으로 돌파했다. 평소 이귀와 친분이 있던 김자점은 광해군이 총애하는 상궁 김개시(김개똥)에게 뇌물을 써서 일을 해결했다.

김개시는 이귀를 잡아 문초하려던 왕에게 아뢰었다.

“이귀와 김자점이 역모를 꾀한다는 소문은 누가 지어낸 듯합니다.”

왕도 고개를 끄덕이며 역모 고발을 무시했다.

“어떻게 풍문으로 옥사를 일으키겠는가?”

이전 같았으면 바로 옥사가 시작되었을 것이다.

동궁 소속 궁녀로 입궐한 김개시는 『광해군일기』에 “나이가 들어서도 용모가 피지 않았다.”라는 내용이 있는 것으로 보아 미모는 그리 뛰어나지 않았던 것으로 보인다. 하지만 문서 처리에 능하고 정치적 수완이 뛰어나 선조의 상궁이 되었고, 광해군이 즉위한 후에는 대전(大殿)의 지밀상궁(至密尙宮, 대전의 좌우에서 잠시도 떠나지 아니하고 임금을 모시던 상궁)으로서 권세를 휘둘렀다.

권세가 이이첨마저 주요 국정 사항을 처리할 때 김개시를 통해 광해군의 재가를 얻어 내야 할 정도였다. 김개시는 일개 상궁이었지만 자신의 영향력을 이용해 매관매직을 일삼기도 했다.

김개시는 자신의 장점과 약점을 누구보다 잘 알고 있었다. 광해군과 밀착해 있었지만, 광해군이 자신에게 무엇을 원하는지 알고 있었기 때문에 굳이 후궁이 되려 하지는 않았다. 궐 밖으로 자주 나다니며 영향력을 행사할 수 있는 상궁 신분이 더 편했을지도 모른다.

## 반정군, 창덕궁에 무혈입성하다

폐모론이 제기되면서 이이첨에게 권력이 집중되자, 광해군은 대신들이 옥사를 권력 강화 수단으로 이용하고 있다고 생각했다. 광해군이 긴장의 끈을 놓자마자 그 틈을 반란군이 파고들었다.

1623년 3월 13일 밤에 이귀, 심기원, 최명길, 김자점 등이 병력을 이끌고 홍제원에 집결하기로 했다. 하지만 광평대군의 후손 이이반이 "길에서 친구를 만났는데, 오늘 밤 거사가 있을 것이라고 말했사옵니다."라고 상소를 올려 정변 계획은 사전에 들키고 말았다.

반란군 대장을 맡기로 했던 김류가 거사 계획이 탄로 났다는 말을 듣고 주저하는 바람에 출병 당시 반정군은 예상 인원의 절반도 안 되는 700명 정도에 불과했다. 하지만 이미 내친걸음이었다. 가만 앉아 있어도 당하는 것은 마찬가지였다.

이귀는 김류 대신 이괄에게 대장직을 권유했다. 반정군은 세검정에서 칼을 씻으며 결의를 다졌다. 능양군은 친병을 거느리고 고양 연서역에 나아가 장단 부사 이서의 병력 700여 명과 합류했다.

조정은 훈련도감 이확에게 역모 가담자들을 잡아들이라는 명령을 내렸다. 음력 3월 12일 저녁, 박승종 등은 추국청을 설치해 고발된 사람들을 모두 체포하려 했다. 광해군이 후궁들과 술을 마시느라 이이반의 상소에 대수롭지 않게 반응하자, 박승종과 유희분이 번갈아 가며 속히 조사할 것을 비밀리에 청했다. 그제야 광해군은 금부 당상들과 포도대장 등에게 관아에 들어가 차례로 숙직하라는 명을 내렸다.

이이반의 고발로 상황이 급박하게 돌아가자, 반정의 책사 격인 이귀는 출병을 서둘렀다. 주저하던 김류는 집까지 찾아온 심기원과 원두표의 재촉에 뒤늦게 합류했다. 하지만 이괄은 김류를 받아들이려 하지 않았다. 이귀가 나서서 중재해 김류에게 원래대로 지휘를 맡길 수 있었다.

반정군은 창의문(북소문)에 도달해 빗장을 부수고 성안으로 들어갔다. 창의문 안에서는 이미 능양군이 군사를 거느리고 이들을 기다리고 있었다. 광해군의 지시를 받은 이확은 군사를 이끌고 창의문 주변에 매복하고 있었지만, 상황이 여의치 않아 반정군을 공격하지 않았다.

반정군에 내응하기로 한 훈련대장 이흥립은 대궐 밖에 진을 치고 반정

**창의문(서울 종로구)** 1396년(태조 5년) 서울 성곽을 쌓을 때 세운 사소문(四小門) 중 하나다. '북문' 또는 '자하문'으로도 불린다.

**창덕궁 돈화문(서울시 종로구)** 1412년(태종 12년)에 지어진 창덕궁의 정문이다. 임진왜란 때 소실되었다가 1608년(광해군 1년)에 복구되었다.

군의 진입을 도왔다. 이흥립이 창덕궁 돈화문을 열자 능양군을 필두로 한 반정군이 궁궐로 무혈입성했다. 반정군은 순식간에 금호문에 이르렀다. 금호문에서도 내응하기로 한 박효립이 있었기에 반정군은 쉽게 통과할 수 있었다.

군사들이 횃불을 들고 궁궐 안을 수색하는 과정에서 실수로 전각에 불이 붙어 인정전을 제외한 건물 대부분이 불타고 말았다. 궁궐에 불이 나기 전에 광해군은 반정의 고변을 보고받았으나 심각성을 인식하지 못했다. 위급한 상황임을 깨달았을 때는 이미 때가 늦었다. 광해군은 사다리를 이용해 후원 쪽 담을 넘어 도망쳤다.

광해군 때는 400여 차례나 역모 고변이 있었다고 한다. 광해군은 인조반정이 일어나기 직전에도 위험하다는 보고를 받았지만, 그렇고 그런 고변이라고 생각한 것이다.

광해군은 어머니 공빈 김씨의 경쟁자였던 인빈 김씨 소생의 정원군이 주변에서 신망을 잃었기 때문에 정원군의 아들 능양군이 반정의 주역이 될 줄은 꿈에도 몰랐다.

『선조실록』에는 정원군의 패륜 행위에 대한 내용이 많지만, 인조반정 후 서인이 쓴 『광해군일기』에는 "정원군이 어려서부터 외모가 우뚝했고 우애가 있었다."라고 기록되어 있다. 『광해군일기』를 서인이 썼다는 사실을 고려하면 그 기록을 있는 그대로 받아들이기는 쉽지 않을 것이다.

## 인목대비, "살점을 씹은 후 책명을 내리겠다"

인조의 측근들은 인목대비를 창덕궁으로 모셔 오기 위해 경운궁(덕수궁) 석어당으로 향했다. 이들은 폐모살제(廢母殺弟)의 당사자인 인목대비에게 반정을 공식적으로 승인받고자 했다. 처음에 인목대비는 자신을 옭아매려는 계략이라 의심해 문을 열어 주지 않았다. 이긍익의 『연려실기술』에는 당시의 상황이 다음과 같이 기록되어 있다.

승지 홍서봉이 문안드리러 왔다고 아뢰니, 대비가 크게 노해 '이미 스스로 임금이 되었는데 나를 부르는 것은 무슨 이유냐?'라고 했다. 인목대비가 또 이르기를 '죄인(광해군) 부자와 이이첨 부자 및 원흉들의 목을 잘라 모두 달아맨 후에야 나가겠다.'라고 했다.

인목대비가 강하게 나오자 능양군이 직접 석어당으로 갔다. 능양군은 엎드린 채 말했다.

"혼란 중에 겨를이 없어 이제야 왔나이다."

신하들은 속히 어보(御寶, 옥새)를 전해 줄 것을 청했으나 인목대비는 거절했다. 어보를 전하는 중대한 일을 이렇게 늦은 밤에 초라한 예로 급히 행할 수 없다는 것이다. 하지만 신하들의 계속된 주청에 못 이겨 인목대비는 결국 석어당 앞마당에서 인조에게 어보를 전했다.

인목대비는 광해군에게 당한 원한을 갚아 달라고 간절히 부탁하며 절규를 토해 냈다.

"광해군은 한 하늘 아래 같이 살 수 없는 원수다. 참아 온 지 이미 오래된 터라 내가 직접 이들 무리의 목을 잘라 망령(亡靈)에 제사 지내고 싶다. 10여 년 동안 유폐되어 살면서 지금까지 죽지 않은 것은 오직 이날을 위해서다. 원수를 갚고 싶다."

광해군에 대한 인목대비의 원한이 얼마나 깊었는지를 짐작할 수 있는 대목이다. 심지어 인목대비는 한풀이라도 하듯 목소리를 높였다.

"먼저 광해군과 그 아들인 세자의 머리를 가져오라. 내가 직접 살점을 씹은 후에 책명을 내리겠다."

이에 반정 세력은 그렇게 할 수 없는 사정을 밝혔다.

"왕위를 폐하고 내버려 둔 전례는 있사오나 죄를 물어 죽인 전례는 없사옵니다."

'광해군이 어린 동생인 영창대군을 죽이고 어머니인 인목대비를 폐모했으며 명과의 의리를 저버렸다.'는 명분을 내세워 반정을 도모했지만, 광해군이 뚜렷한 실정(失政)을 저지른 것은 아니었기 때문이다. 반정 세력은 광해군과 세자를 죽이면 자신들도 보복을 일삼는 광해군과 똑같은 무리로 매도될 수 있다고 보았다. 인목대비도 광해군을 폐위하는 선에서 만족할 수밖에 없었다.

신하들은 뜻밖의 변란을 염려해 어보를 전달한 다음 즉위식도 바로 진행하고자 했다. 인목대비는 경운궁 즉조당에서 인조의 즉위식을 치르게 했다. 다음 날 인목대비는 인조에게 즉위 교서를 내려 반정의 정당성을 공표했다.

"내 비록 부덕하나 천자의 고명(誥命)을 받아 선왕의 배우자가 된 사람이다. 일국의 국모가 된 지 여러 해 되었으니 선묘(宣廟, 선조)의 아들이 된 자는 나를 어미로 삼지 않을 수 없을 것이다. 그런데도 광해군은 참소하는 간신의 말을 믿고 스스로 시기해 나의 부모를 죽이고 나의 육친을 어육으로 만들었으며, 품 안의 어린 자식을 빼앗아 죽이고 나를 유폐했으니 인륜의 도리라고는 다시 찾을 수 없을 것이다. 이는 선왕에게 품은 감정을 내비치는 것인데, 미망인에게는 그 무슨 짓인들 하지 못하랴."

인목대비는 광해군의 불효를 거론하며 그 죄를 열거했다. 명에 대한 의리를 지키지 못하고 중립 외교를 펼친 것과 무리한 토목 공사로 백성을 도탄에 들게 한 것도 빠뜨리지 않았다. 특히 동생을 죽이고 어머니를 서궁에 유폐한 폐모살제는 성리학의 이념을 신줏단지처럼 받드는 서인에게 결정적인 반정의 명분이 되었다.

**덕수궁 즉조당(서울시 중구)** 임진왜란 후 선조가 돌아와 승하할 때까지 16년 동안 거처했던 곳이다. 1623년 반정에 성공한 인조는 이곳에서 즉위했다. 이때부터 '즉조당'이라는 명칭이 사용되었다.

즉조당은 선조가 임진왜란이 수습된 후 돌아와 승하할 때까지 16년 동안 거처했던 곳이다. 광해군도 즉조당에서 즉위해 창덕궁이 완공되어 이궁할 때까지 머물렀다. 1623년 반정으로 인조가 이곳에서 즉위한 후 즉조당으로 불렸다.

### 인목대비와 정명공주, 창덕궁으로 들어가다

인목대비와 정명공주는 선조, 광해군, 인조와 시간을 달리하며 같은 공간에 머물렀다. 동상이몽(同床異夢)이라고 했던가. 이들은 같은 공간에서 서로 다른 꿈을 꾸었다. 반목과 질시, 바로 그것이었다.

선조 vs 광해군

광해군 vs 인목대비·정명공주

광해군 vs 인조.

그러고 보니 광해군과 걸리지 않는 게 없다. '선조 vs 광해군'의 관계는 자신이 선택할 수 없는 숙명이었다. 하지만 '광해군 vs 인목대비·정명공주, 광해군 vs 인조'의 관계는 자신이 선택할 수 있었다.

광해군은 현군(賢君)인가 혼군(昏君)인가? 광해군의 '화려한 정치' 여정에는 늘 정명공주가 광해군의 그림자인양 따라다니고 있었다. '화려한 정치'가 빛을 타고 있다면 '빛나는 다스림'은 그림자에 얹혀 있다. 언제 어느 곳에서든 빛과 그림자를 함께 보는 눈이 필요하다.

폐모살제를 명분으로 반정을 일으킨 인조는 대비에게 온갖 예우를 다했다. '서궁'으로 지칭된 인목대비는 대비로 복권해 지엄한 권한인 '왕을 책봉하는 권리'를 행사했다. 정명공주도 서인에서 공주로 복권되었다.

광해군과 질긴 악연을 이어 온 서궁도 이제는 떠날 때가 되었다. 구더기와 추위와 굶주림과 멸시, 이 모든 악몽과 안간힘을 다해 씨름했던 정릉동 행궁, 그곳을 떠나 창덕궁으로 발걸음을 옮길 때는 마치 허물이라도 벗는 기분이었다.


김자점에게 협력했던 김개시는 즉위식 당일에 목이 잘렸다. 배신자는 언제라도 다시 배신하는 법이니 살려 두어 좋을 게 없었다. 영의정 박승종은 양주로 달아나 군사를 일으키려 했으나, 궐 안이 평정되었다는 소식을 듣고는 아들 박자흥과 함께 스스로 목숨을 끊었다.

거사 이틀 후 광해군은 의관 안국신의 집에서 붙잡혔다. 인목대비는 광해군을 처형하려 했으나, 인조의 간청으로 서인(庶人)으로 강등해 강화로 귀양 보냈다. 이이첨, 정인홍 등 수십 명의 대북파는 참형에 처해졌다. 폐모론에 앞장섰던 이위경, 정조, 윤인 등 이이첨의 심복들도 모두 목이 잘렸다.

반정에 성공해 왕위에 오른 인조는 1610년(광해군 2년) 한준겸의 딸(인열왕후)과 결혼해 소현세자와 봉림대군(효종)을 비롯한 네 명의 아들을 낳았다. 인열왕후가 죽은 지 3년 후인 1638년(인조 16년) 인조는 세자보다 12살이나 어린 장렬왕후를 계비로 맞았으나 장렬왕후에게는 소생이 없었다.

## 노처녀 정명공주, 홍주원과 결혼하다

정명공주는 서궁 유폐 생활을 끝내고 창덕궁에 들어왔다. 인목대비의 유일한 낙이자 살아가는 이유였던 정명공주. 어머니를 옆에서 돌보며 감옥 아닌 감옥살이를 하느라 꽃다운 10대가 훌쩍 지나갔다. 21세였던 정명공주는 서궁에 유폐되어 있느라 혼기를 놓쳐 버렸다. 인목대비는 무엇보다 먼저 정명공주의 혼사를 서둘렀다.

반정이 성공한 지 나흘밖에 지나지 않은 1623년 3월 16일 예조에서는 정명공주의 부마 간택을 속히 시행하자는 건의를 올렸다. 인목대비의 마음을 헤아린 인조가 이를 즉각 허락하면서 부마 간택이 급물살을 탔다. 8월쯤 혼례를 치르기로 계획하고 부마 단자(單子)를 받기로 했다.

그러나 어찌 된 일인지 기한이 다 되도록 겨우 아홉 명만이 단자를 보냈다. 정명공주가 왕실의 가족이어서 부담을 느꼈다기보다는 공주의 나이가 너무 많았기 때문이다.

정명의 나이가 21세였으니 부마의 나이는 적어도 20세 내외가 되어야 하는데, 그 정도 나이의 남자들은 대부분 혼인한 상태였다. 어쩔 도리 없이 정명의 부마 단자 접수 기간을 늦추고 나이도 낮출 수밖에 없었다.

결국 예정에서 벗어난 8월 11일에야 초간택을 해 아홉 명을 선발했고, 9월 12일 재간택을 거쳐 홍주원을 부마로 간택했다. 홍주원의 나이는 정명공주보다 세 살이나 아래인 18세였다. 8월에 치르기로 했던 혼례는 12월 11일에야 비로소 치러졌다.

당시에는 남자 나이 18세도 혼기를 넘긴 나이에 속했다. 그렇다고 홍주원이 문제가 있어서 혼기를 놓친 것은 아니었다. 홍주원에게는 이미 혼처가 있었다. 이미 임자가 있는 상태에서 금혼령이 공포되자 홍주원의 아버지 홍영은 어찌해야 할지 몰랐다. 이미 정한 혼처와 혼례를 강행하면 금혼령을 어기게 되고, 부마 단자를 냈다가 간택되면 본의 아니게 정혼자와 파혼할 수밖에 없었기 때문이다.

당시에는 파혼하면 여자의 혼삿길이 막힌다고 생각했다. 게다가 양반가에서는 남자든 여자든 파혼을 수치로 여겼다. 홍영은 양반가의 습속대로 이미 정한 혼처와 혼례를 치러야 한다고 생각하고, 6월 2일 혼처에 납채(納采, 신랑 집에서 신부 집에 혼인 약정서를 보내는 절차)를 강행했다.

납채는 지금의 약혼식에 해당하므로 명백히 금혼령에 위배되었다. 결국 7월 22일 홍영은 금혼령을 어겼다는 죄목으로 체포되어 수감되었다.

의금부에서 홍영을 무죄 방면한다면 20세 전후의 약혼한 남자는 부마 단자를 내지 않아도 되었다. 의금부에서는 홍영을 조사한 후 하루 만에 석방했으나 파직 조치했다. 인조는 이미 약혼한 남자도 무조건 부마 단자를 내게 했다.

홍영도 억울하게 파직당한 채 간택 단자를 내야만 했다. 3월에 금혼령이 내려졌는데 8월에야 초간택이 이루어진 데는 이런 사정이 있었다. 결국 홍주원을 부마로 삼기 위해 강제로 파혼시킨 셈이 되었다.

인조에게 정명공주의 결혼은 정권의 정당성을 뒷받침하는 행사였다. 정명공주의 결혼은 인목대비와 인조의 배려 속에 이루어졌다. 인조는 정명의 신혼집을 경복궁과 창덕궁 사이에 있는 안국동에 마련해 주어 정명이 궁궐을 출입하는 데 불편함이 없도록 했다. 현재 안국동 풍문여고 자리에 마련된 정명공주의 살림집은 정명공주방(貞明公主房) 또는 영안위방(永安尉房)으로 불렸다.

약혼자에게도 부마 단자를 내게 했을 뿐 아니라 혼례 과정에서도 특혜가 주어졌다. 부마가 마음에 든 인목대비는 정혼자가 있었던 홍주원과의 혼사가 일정대로 진행되지 않을까 봐 노심초사했다.

당시 사대부 집안에서는 먼저 신랑이 아버지와 함께 사당에서 예를 올린 후 말을 타고 신부 집으로 와서 결혼식을 치렀다. 공주의 결혼도 사대부의 결혼과 다를 바 없었다. 신랑 홍주원도 사당에서 예를 올린 후 말을 타고 신부 집인 궁궐로 들어와서 혼례를 치러야 했다. 하지만 인목대비가 괜한 걱정을 하기 시작했다. 홍주원이 타고 올 말이 혹여 말썽이라도 부리면 혼례를 치르지 못할 수도 있을 거라고 생각한 것이다. 간혹 신랑이 말에서 떨어져 혼례가 늦춰지는 경우가 종종 있었던 모양이다.

인목대비는 애지중지하는 딸을 위해 튼실하고 말 잘 듣는 말을 구하고 싶었다. 그때 떠오른 말이 바로 '어승마(御乘馬)'였다. 어승마는 말 그대로 왕이 타는 말이다. 백성들은 어승마만 지나가도 마치 왕이 지나가는 것처럼 허리를 굽혔다. 인목대비는 궁궐을 들락거리던 최고의 말 어승마라면 사위를 안전하게 궁궐로 데려갈 수 있을 거라고 생각했다.

인목대비는 다짜고짜 홍주원의 집에 어승마를 보냈다. 왕이 타는 말을 사위인 홍주원에게 타라고 보낸 것은 사위에게 왕 노릇을 하라고 시키는 것이나 다름없었다. 반역 아닌 반역 행위였다. 조정 대신들은 인목대비와 홍주원의 잘못을 거론하며 상소를 올렸다. 이제 난처해진 쪽은 인조였다.

자신에게 교지를 내린 인목대비의 잘못을 탓하는 것은 곧 반정의 명분을 뒤흔드는 것이나 마찬가지였다. 인조는 상소를 올린 대신들을 달래어 더는 없던 일로 했다. 인조는 반정의 명분을 위해서라면 국법까지도 거스를 수밖에 없었다. 이뿐만이 아니었다. 인목대비의 관심은 온통 하나밖에 없는 귀한 자식인 정명공주에게 쏠려 있었다.

인조도 고모 정명공주에게 온갖 정성을 다했다. 1626년(인조 4년) 7월 8일 인조는 "정명공주는 선조의 하나뿐인 공주로서 오래도록 유폐되어 있다가 이제야 다시 천일(天日)을 보게 되었다. 새로 지은 집을 한 번 수리해 주라고 특별히 명했는데, 이는 내 도리상 실로 잘못된 일이 아니다."
라고 승정원에 하교하기도 했다. 인조는 정명공주에게 베푸는 시혜가 당
연한 도리라는 태도를 보였다.


## 정명공주 부부, 인조의 시혜로 부귀를 누리다

왕의 자녀는 결혼하면 세자를 제외하고 모두 궁궐 밖에서 살아야 했다.
이들은 왕족의 신분에 걸맞게 저택과 토지를 받았다. 인조는 인목대비에
대한 효성을 과시하고 싶어 법을 어기면서까지 정명공주의 살림집을 호
화롭게 꾸며 주었다. 정명공주의 집은 말이 살림집이지 작은 궁궐이나
마찬가지였다.

인조는 정명공주에게 살림집 외에 토지와 광대한 섬도 내려 주었다. 인
목대비는 자신이 여러 해 유폐되어 있는 동안 집안이 멸문 지경에 이르
는 것을 목도했다. 하나뿐인 아들마저 잃게 되어 곁에는 공주만 남아 있
었다. 인목대비가 공주를 극진히 여기는 마음은 미루어 짐작할 수 있다.
인조도 인목대비를 위로하기 위해 하지 못할 일이 없었다. 이런 상황에
힘입어 정명공주는 일약 '부동산 재벌'이 되었다.

『경국대전』에는 대군은 60칸, 공주와 후궁이 낳은 왕자는 50칸, 후궁이
낳은 옹주는 40칸을 넘지 않도록 규정되어 있다. 일반인의 집을 10칸으
로 제한한 것으로 미루어 볼 때 왕의 자녀들이 얼마나 큰 집에서 살았는
지 알 수 있다. 모든 경비와 공력이 백성에게서 나온 것임을 상기해 보면
당시 백성이 얼마나 고단한 삶을 살았는지도 잘 알 수 있다.

인조는 정명공주의 집을 100칸 이상으로 짓게 했고, 1624년(인조 2년)에는 200칸을 증축하는 데 필요한 재목과 기와를 정명공주에게 내려 주었다. 신하들의 반대 상소가 잇달았지만 인조는 초지일관이었다.

정명공주방은 원래 중종의 부마 광천위가 살던 집터에 지어졌다. 당시에는 300칸이 넘는 건물이 자리 잡고 있었다. 정명공주가 하가(下嫁, 공주나 옹주가 귀족이나 신하에게로 시집감)할 당시에도 집터에는 여전히 큰 건물이 들어서 있었다.

인조가 얼마나 인목대비에 대한 효성을 드러냈는지 정명공주방을 위한 특혜는 『조선왕조실록』에만 여덟 번이나 나온다. 1624년(인조 2년) 인조는 신하들의 반대를 무릅쓰고 인경궁의 재목과 기와를 정명공주에게 하사하라고 명했다.

상이 "인경궁의 재목과 기와를 정명공주의 집에 하사하라."라고 호조에 하교하자 우부승지 김덕함이 아뢰기를,

"호조의 계사(計士, 회계 실무를 맡아보던 종8품 벼슬)에 따라 집을 지을 때 쓰고 남은 재목과 기와 중에서 200칸을 짓는 데 드는 물량을 공주의 집에 주라고 명하셨습니다. 하지만 이 재목과 기와는 모두 백성이 애써서 만든 것이니 성상께서는 이 재목 하나를 보면서 백성의 고혈이라 생각하십시오. 이 기와 하나를 보면 포학한 불꽃이 구운 것으로 생각하시어 써야 할 데에 쓰고 쓰지 말아야 할 데에는 쓰지 않아야 하실 것입니다.

대비께서 여러 해 동안 유폐되신 나머지 집안이 멸문 지경에 이르고 하나뿐인

대군마저 피를 흘리게 되어 공주만 남아 있으니 대비께서 공주를 위해 무엇이든 주고 싶은 심정이 지극하실 것이고, 성상께서도 대비를 위로하시려는 마음에 무엇이든 못하실 일이 없을 것입니다. 공주에게 집이 없다면 이 재목과 기와를 내려서 집 한 채를 지어 공주를 편안하게 살게 하는 것도 방도이겠으나, 국가에서 공주의 집을 지어 주고 이미 길례를 치렀습니다. 이에 대해서도 제도가 넓고 크다고 식자들이 말하고 있는데, 200칸의 집을 지어 어디에 쓸 것이기에 이 재목과 기와를 마치 대수롭지 않은 물건처럼 내리십니까.

창덕궁과 창경궁은 열성(列聖)께서 계시던 곳인데 무너진 데가 있어도 수리하지 못하였으므로 성상께서 지금 계시지 않아야 할 궁궐에 계시니, 이 재목과 기와를 보관하였다가 두 대궐에 쓰고 거처를 옮기신다면, 중수할 때에 백성의 노력

**풍문여고에 남아 있는 안국동 별궁 건물 일부(서울시 종로구)** 세종이 아들 영응대군에게 마련해 준 저택이다. 이후 왕가의 여러 후손들이 하사받았는데, 인조 때는 정명공주가 이곳에 거주했다.

이나 재력이 들지 않을 것입니다. 호조가 이에 의거해 막지 못하였으니 너무도 살피지 못했다 할 것입니다. 신이 해방 승지(該房承旨)로서 흐릿하게 상주하는 글을 올렸으니 황공하여 대죄합니다." 하니 답하기를,

"공주의 집이 좁고 누추하니 집이 없는 것과 무엇이 다르겠는가. 그대의 말이 지나치다. 그대는 대죄하지 말라." 하였다.

인조가 정명공주의 집을 짓는 데 들인 정성은 지극했다. 정명공주에게 정철(正鐵, 무쇠를 불려서 만든 쇠붙이) 3,000근을 내려 집 짓는 데 쓰게 했고, 한성부에 명해 정명공주의 집에 재목과 기와를 들이도록 독촉했다. 제때에 자재를 운반하지 못한 해당 관원은 파직하기도 했다.

사신(史臣)은 다음과 같이 논평했다.

과거의 역사를 살펴보건대 공자(公子)나 왕손들의 저택이 제도를 벗어나 무도하게 사치스러웠던 경우에는 귀신이 엿보는 재앙을 거의 면하지 못하고 끝내는 전복되고 말았으니 경계하지 않을 수 있겠는가. 자전(慈殿, 임금의 어머니)이 광해가 패란한 짓을 할 때에 갖갖 위해와 모욕을 받았는데, 그때 공주가 이미 혼기를 넘겼지만 오히려 상대를 택하는 일도 거행하지 못하였다. 그러다가 오늘날에 와서야 출합(出閤, 공주나 옹주가 시집가던 일)하게 되었으니 두려워하고 삼가는 마음이 반드시 일반 사람들보다 몇 배는 될 것인데, 겨우 한 해가 지나자 그만 욕심을 채우려는 뜻이 가득하게 되었다.

영안위 홍주원도 일에 따라 제대로 몸을 단속하지 못한 채 마침내 산택(山澤,

산과 숲과 내와 못)의 이익을 독점하는 짓을 하여 침탈하는 폐해가 여염에까지 미치게 하고, 제언(堤堰, 댐)이나 토목 공사에 있어서도 모두 개인적인 일로 민간에 폐해를 끼친 일이 많았다. 그래서 사람들이 다투어 심각하게 비난했는데도 자전은 사랑에 빠져 있고 주상은 자전의 뜻을 받들기에만 전념하며 민간이 피해받는 것은 염두에도 두지 않았으니 어찌 탄식을 금할 수 있겠는가.(인조 3년 2월 26일)

사신의 논평 부분에서 "자전은 사랑에 빠져 있고 주상은 자전의 뜻을 받들기에만 전념하며 민간이 피해받는 것은 염두에도 두지 않았다."라는 대목에 주목할 필요가 있다.

인목대비는 자신이 받은 고초에 대한 피해 보상 심리가 작동했고, 인조는 자신에게 즉위 교서를 내린 은혜를 갚기 위해서라도 인목대비의 청은 모두 들어주어야 했다. 반정의 정당성을 공표한 할머니의 청을 거절하는 것은 곧 반정의 정당성을 훼손하는 일이라고 생각했던 것이다.

인목대비의 끝없는 주청과 인조의 과도한 시혜로 정명공주와 홍주언은 한양에서 둘째가라면 서러울 정도로 재산을 증식할 수 있었다. 인조까지 감싸고돌고 있어 정명과 홍주언은 주변의 질시 대상이 되기에 충분했다.

사신의 평이 박한 것은 인조가 법규를 넘어선 조처를 한 데 그 원인이 있다. 지도층이 법규를 임의로 행사할 때 그 피해는 고스란히 민간에 돌아갈 수밖에 없다. 사회 지도층이 규정을 지키지 않을 때는 이에 불만을 가지거나 반발하는 세력이 반드시 나오게 마련이다.

## 고난 속에서도, 영화로울 때도 침묵을 지키다

정명에게도 자신의 힘들었던 지난날에 대한 보상 심리가 있었을지 모른다. 다만, '자신의 욕심을 채우려는 일'이 아니었다면 정명이 그 이후 백성을 어떻게 대했는지에 주목해야 한다. 정명공주는 병자호란 당시 강화도로 피란 갈 때 배에 실은 재물을 내려놓고 피란민을 태운 적도 있었다.

정명의 처세술은 대체로 결정적인 순간에 침묵하는 것이었다. 고난의 시기에도, 부귀영화를 누리는 시기에도 침묵했다. 정명은 침묵으로 주변의 공격이나 질시를 잠재우는 효과를 거두었다.

정명공주는 "남의 장점과 단점을 논하기 좋아하고 정치나 법령을 망령되이 시비하는 것을 가장 미워한다."라고 막내아들에게 충고한 바 있다. 이는 정명의 행실을 잘 보여 준다. 정명은 주변의 입방아에 시시비비를 가리려고 섣불리 대응하다가 오히려 시비에 휘말릴 수 있다고 보았다. 이런 경우에는 문제가 자동으로 해결되거나 해소되었다. 직접 나선다고 해결될 일은 아니었다.

정명은 평소 겸손한 모습을 보이면서도 존귀함을 잃지 않아 따르는 무리가 많았다. 그들은 자연스레 정명을 나서서 지켜 주었다. 송시열은 정명을 가리켜 "존귀하면서도 겸손하고 공손하다."라고 극찬하기도 했다.

정명은 스스로 움직여서 표적이 되기보다 다른 사람을 움직이게 하는 고도의 '빛나는 다스림'을 체득했다. 안달복달하는 게 아니라 스스로 빛을 발하는 데 능숙했다. 그래서 공주는 외롭다고 했나 보다. 하지만 정명처럼 존귀하면서도 공손한 공주가 되기는 쉽지 않을 것이다.

광해군 역시 세자 시절 선조와 유영경의 견제에 직면했지만, 직접적인 대응을 피하고 숨죽인 채 지냈다. 선조의 양위 소동 때는 며칠씩 식음을 전폐하며 대전 앞 차가운 뜰에서 밤낮없이 읍소하기도 했다.

## 정명공주 땅을 놓고 벌어진 '300년 소작 쟁의'

임진왜란 이전에는 왕자나 공주가 혼인할 때 과전이라는 것을 주었다. 대군은 225결, 왕자는 180결, 부마는 105결을 받았다. 1결을 지금의 평수로 환산하면 5,800평 정도이므로 조선 땅은 사실상 왕실이나 사대부의 땅이라고 볼 수 있다.

송곳 하나 꽂을 땅도 없었던 백성은 왕자나 공주, 양반가에 의탁할 수밖에 없었고, 이들 간에는 성리학에서 말하는 부모와 자식 같은 관계가 형성되었다.

조선의 토지 제도는 고려 말 전제 개혁 때 시행된 과전법에 기반을 두고 있었다. 권문세족의 토지를 박탈해 신진 사대부의 경제 기반을 마련한 것이다. 과전법에 따라 전·현직 관리는 경기 지방의 토지를 과전으로 받았는데, 받은 사람이 죽거나 반역하면 국가에 반환하도록 규정했다. 여기서 토지를 지급했다는 것은 토지 자체를 지급한 것이 아니라 조세를 거둘 수 있는 권리인 수조권을 부여한 것이었다.

고려의 전시과에서는 죽거나 벼슬을 그만두면 토지를 반납했는데, 조선의 과전법에서는 벼슬을 그만두더라도 죽을 때까지 보유할 수 있었다.

재직 중에 직역의 대가로 받은 토지의 수조권은 정당하다고 할 수 있으나 관직에서 물러난 뒤 죽을 때까지 받게 되는 수조권은 이른바 불로 소득에 해당한다. 예컨대, 20세에 관직에 진출해 30세에 벼슬을 그만두고 60세까지 살았다면, 30년 동안은 아무 일을 하지 않아도 과전을 보유할 수 있다는 이야기다.

신진 사대부가 역성혁명 과정에서 전직 관료의 불만을 무마하고 자신들의 노후를 보장받기 위해 시행한 제도가 바로 과전법이다. 과전에서 세금만 걷는 게 아니었다. 토지를 경작하는 농민들에 대한 지배권까지 행사할 수 있었다.

임진왜란 이후 남은 전답이 별로 없어 왕실에서는 절수(折受)라는 제도를 시행했다. 절수는 말 그대로 '끊어서 받는다.'는 의미다. 황무지나 버려진 땅을 신고해 개간하면 경작권과 소유권까지 갖도록 했다. 조선 왕실은 절수라는 제도를 통해 부족한 과전 문제를 해결하고 토지 개간을 유도했다.

인조는 정명공주에게 1만 결에 가까운 절수를 내려 주었다. 『승정원일기』에는 경상 감사 박문수가 1728년(영조 4년)에 "영안위방이 경상도 내에서 절수받은 토지가 8,076결이나 됩니다."라고 보고한 대목이 있다.

8,076결을 지금의 평수로 환산하면 5,000만 평에 달한다. 성곽으로 둘러싸인 한양 도성의 면적이 600만 평이 채 안 되었다는 것을 고려하면

5,000만 평이 얼마나 넓은 면적인지 짐작할 수 있다.

경상도뿐 아니라 하의도, 상태도, 하태도, 진도 등의 섬에도 정명공주의 절수지가 있었다. 하의도, 상태도, 하태도는 '하의 삼도'로 불린다. 우리나라 서남단 끝에 있는 하의도는 마치 물 위에 떠 있는 연꽃의 모습 같다고 해 지어진 이름이다.

하의도는 다른 섬과는 달리 섬 전체가 논밭으로 가득 차 있어 하의도 사람들은 고기잡이 대신 농사를 주업으로 삼았다. 고깃배가 만선의 깃대를 걸고 선창가에 들어오면 겉보리 쌀을 생선과 물물 교환해 생선을 얻었다.

하의도는 김대중 전 대통령이 태어난 섬이기도 하다. 전남 목포에서 뱃길로 2시간 반이나 가야 하는 낙도다. 행정 구역은 전남 신안군 하의면 후광리다. 김대중 전 대통령은 자신이 태어난 곳의 이름을 따서 아호로 사용했다.

하의도에 내려진 절수지는 훗날 분쟁의 씨앗이 되기도 했다. 왕자와 공주의 후손은 섬 전체를 절수받았다고 주장하고, 섬 주민들은 경작지만 절수되었다고 주장했다. 공주의 후손은 섬에 대한 소유권까지 주장했지만, 주민들은 섬을 개간한 자신들에게 소유권이 있다고 주장했다.

정명공주의 후손은 공주가 하의도 전체를 절수받았으므로 섬 전체의 경작지에서 세금을 걷는 게 마땅하다고 주장했다. 반면, 주민들은 절수된 토지는 20결에 불과하고 나머지 경작지는 섬 주민들이 개간한 것이므로 세금을 낼 수 없다고 주장했다. 1729년에 시작된 하의도 농민들의 소작

쟁의는 300년이 넘게 지속되었다.

1730년(영조 6년)『조선왕조실록』에는 다음과 같이 기록되어 있다.

사헌부에서 왕에게 아뢰기를, "전라도 금성현의 하의·태금 등 세 섬의 백성이 정장(呈狀, 소장을 관청에 냄)하기를, '섬 속에 있던 정명공주방의 면세전 20결이 공주의 외손들에게 전해졌는데, 선조 때 섬 전체를 절수했다고 핑계를 대며 민전 160여 결에 대해 몽땅 세금을 거두니, 백성이 원통함을 견디지 못해 계묘년(1723년) 무렵에 한성부에 송사를 냈으나 결국 졌다.'라고 하였나이다. ……

백성이 천 리 길에 바다를 건너 발을 싸매고 와서 호소하였으니, 원통하고 억울한 사정이 없었다면 반드시 이 지경에 이르지 않았을 것입니다."라고 하니, 임금이 그대로 따랐다.

섬 주민들은 "섬 속에 있던 정명공주방의 면세전 20결이 공주의 외손들에게 전해졌다."라는 대목을 문제 삼았다. 영조 때 정리된 사안을 일제 강점기를 거치며 또다시 후손들이 거론한 것이다.

하의도 농민 7,000여 명은 1928년 1월 2일 하의 농민 조합을 결성해 투쟁을 시작했다. 정명의 후손들이 일제에 빌붙어 땅 빼앗기를 시도한 것이다. 혼탁했던 시절의 일이다.

결국 1949년 7월 21일 전남 지사가 도민들에게 무상 환원하는 것이 당연하다고 국회와 정부에 보고했고, 1950년 2월 20일 국회 본회의에 상정되어 만장일치로 무상 환원이 결정되었다.

정부는 1950년 5월 개인별 경지 및 환원 대상자를 조사해 1956년 하의도 전답 1,500여 정보를 도민들에게 소유 등기를 해 줌으로써 300여 년에 걸친 하의도 토지 분쟁은 일단락되었다.

## 광해군, 18년이나 유배 생활을 하다

정명공주와 광해군의 입장은 서로 극명하게 갈렸다. 정명공주가 그 누구도 누려 보지 못한 부귀영화 속에서 사는 동안 광해군은 그 누구도 겪어 보지 못한 참담한 생활을 감내해야만 했다.

서인이 인조반정을 일으켜 광해군과 대북파를 몰아내자, 인목대비는 대왕대비가 되었고 정명공주도 복권되었다. 광해군은 인목대비를 살려 놓은 대가를 톡톡히 치렀다. 인목대비의 철저한 복수로 광해군과 그의 가족은 비참하게 생활하다 생을 마감했고, 폐위된 광해군은 15년 재위 기간보다 더 긴 18년 동안 유배 생활을 감당해야 했다.

폐위된 광해군과 폐비 유씨는 강화부의 동문 쪽에, 폐세자 이지와 폐세자빈 박씨는 서문 쪽에 위리안치되었다. 폐세자 부부는 목숨을 끊기 위해 보름이나 식음을 전폐하기도 하고 목을 매기도 했지만 주변 사람들에게 발견되어 죽을 수도 없었다.

두 달 후, 폐세자 이지와 폐세자빈 박씨는 강화도 외부 세력과 내통을 시도했다. 이지는 담 밑에 약 21m의 땅굴을 뚫어 울타리 밖으로 빠져나갔지만 섬 밖으로까지는 탈출하지 못했다. 이지는 은 덩어리와 황해도 감사에게 보내는 편지를 들고 있었다. 편지의 내용은 알 수 없으나, 자신의 편이었던 평양 감사와 모의해 반정 세력을 다시 축출하려 한 것으로 보인다.

결국 인목대비와 반정 세력은 이지에게 사약을 내렸다. 폐세자 이지가 울타리를 빠져나갈 때 나무 위에서 망을 보던 폐세자빈 박씨는 이지가 붙잡히자 놀라서 나무 아래로 떨어졌다. 결국 박씨도 스스로 목숨을 끊고 말았다. 유배 생활 도중에 화병을 얻은 폐비 유씨는 1년 7개월의 유배 생활 끝에 생을 마감했다.

광해군은 이렇게 아들과 며느리, 아내를 모두 잃게 되었다. 인목대비와 반정 세력은 후환을 없애기 위해 몇 번이나 광해군을 죽이려고 시도했다. 하지만 반정 이후 다시 영의정에 제수된 남인 이원익과 광해군을 동정하는 세력의 반대로 광해군을 죽이지는 못했다.

1624년 '이괄의 난'이 일어나자, 광해군의 재등극을 우려한 인조는 광해군을 태안으로 옮겼다가 난이 평정되자 다시 강화도로 데려왔다.

그해 겨울, 광해군 시절에 정승을 지냈던 박홍구와 그의 아들이 경기도 인근의 군사를 동원하려다 발각되었다. 이들은 인조를 폐하고 광해군을 태상왕으로 삼아 인성군을 왕위에 올릴 계획을 세웠던 것이다. 이 사건에 이름이 오른 정문부가 형장의 이슬로 사라졌다. 정문부는 임진왜란의 유일한 생존 영웅이었다.

1628년 유배 중이던 북인 유효립이 "광해군을 복위시키거나 선조의 일곱째 서자 인성군을 추대하기로 했다."라고 진술했다. 유효립 일당은 광해군의 친필 서류까지 가지고 있었다.

**광해군 묘(경기 남양주시)** 광해군과 왕비 문성군부인 유씨의 묘다. 제주도에서 유배 생활을 하던 광해군은 1641년 사망했다. 제주도에 묻혔다가 1643년 현재의 묘소로 옮겨졌다.

1636년 청이 광해군의 원수를 갚겠다며 쳐들어오자 조정에서는 광해군을 교동으로 옮겼다. 1637년 인조는 청 태종 앞에서 무릎을 꿇은 후 광해군의 복위에 두려움을 느껴 광해군을 다시 제주도로 보냈다.

광해군은 유배 생활에 이력이 났는지 자신을 데리고 다니는 별장이 윗방을 차지하고 자신은 아랫방에 내몰려도 묵묵히 참았고, 심지어 심부름하는 나인이 영감이라고 불러도 내색하지 않았다고 한다.

광해군은 기회를 엿보며 와신상담(臥薪嘗膽)했지만, 결국 1641년(인종 19년) 7월 67세를 일기로 생을 마감했다.

광해군은 왕이 되기 전 숨죽이며 지냈고, 왕에서 밀려난 후에도 숨죽이며 지냈다. 복위 시도가 있었지만 기회는 번번이 비켜 갔다. 청은 광해군을 징치(懲治, 징계해 다스림)한 인조를 벌한다며 병자호란을 일으켰지만 그것은 명분에 불과했다. 명과의 결전을 앞둔 청이 조선의 내정에 신경 쓸 겨를이 없었다.

하늘은 광해군에게 두 번이나 기회를 주지는 않았다. 광해군은 이배지인 제주도에서 질긴 목숨을 내려놓았다. 1643년 10월 광해군의 묘는 장사를 지낸 이배지에서 경기도 남양주시로 옮겨졌다.

광해군 묘에 들르려면 언덕 위에서 자물쇠가 달린 녹색 문을 열고 들어가서 중턱으로 내려가야 한다. 누구의 묘라 할지라도 묘에 들를 때 내려가는 법은 없다. 묘 입구에서 언덕으로 올라가는 게 망자에 대한 도리다. 문화재 관리의 원칙이 무엇인지 의문이 들 정도다. 수양대군에게 쫓겨난 노산군(단종)의 묘나 중종반정으로 쫓겨난 연산군의 묘에 들를 때도 언덕 아래에서 올라가게 되어 있다.

**공산성(충남 공주시)**

반정으로 왕이 된 인조는 또 다른 반정의 위협에 휩싸인다. 이괄이 군대를 일으켜 반란을 도모한 것이다. 이괄의 군대는 파죽지세로 한양을 향해 내려왔고, 이에 놀란 인조는 공주 공산성으로 피신했다. 인조는 한양을 떠나기 전 명에 파병을 요청하기에 이른다.

# 반정은
# 반정과 호란을 낳고

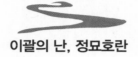

## 이괄의 난, 정묘호란

### 인조반정이 낳은 또 다른 비극 '이괄의 난'

1623년 인조반정을 계기로 정권은 북인에서 서인으로 넘어갔다. 이에 따라 친명 배금 주의, 즉 명에 대한 사대주의가 조정에 뿌리내렸다. 친명 배금 정책이 정묘호란과 병자호란을 불러왔다. 임진왜란 이후 막 수습되던 국가의 기반과 경제는 다시 무너져 내리고 말았다.

인조는 이원익을 영의정에 앉혔다. 이원익은 인목대비 유폐를 반대하다 여주에 유배 중이었다. 광해군 때 호조 판서를 지낸 북인 김신국에게는 그대로 호조 판서를 맡겼다. 반정에 공을 세운 이귀, 김류 등 33명은 세 등급으로 나누어 각각 공신으로 봉해졌다. 김류, 이귀, 신경진, 이서는 4대장으로 불렸고, 이들은 나라에서 지원한 군관 400명을 각각 거느렸다. 이 과정에서 서인들은 서로 반목하게 되었다. 이들 가운데는 논공행상이 공평하지 못하다고 생각한 사람이 많았다.

반정 세력에게는 애초부터 나라와 백성을 위한 기치가 없었다. 반정에 성공한 후에도 '이괄의 난'이라는 자중지란(自中之亂)이 일어났다. 이괄은 함북 병마절도사로 부임하기 직전인 1622년(광해군 14년) 인조반정에 가담했다. 작전 지휘를 맡아 반정을 성공으로 이끌었지만, 뒤늦게 나타난 김류에게 대장 자리를 내 주어야만 했다.

게다가 반정 후에도 처음부터 참여하지 않았다는 이유로 2등 공신으로 책봉되었다. 이후 이괄은 한성 판윤에 임명되었다가 평안 병사 겸 부원수가 되어 영변으로 갔다. 목숨을 걸고 반정에 앞장선 이괄로서는 2등 공신에 책봉된 것에 내심 불만이 많았을 것이다.

이괄이 평안 병사로 부임하던 당시 국방 상황은 매우 긴박하게 돌아가고 있었다. 후금의 누르하치는 명의 요동 지방을 함락시키고 조선 침략을 엿보고 있었다. 친명 배금 정책을 쓰고 있던 조선으로서는 북방 방비가 가장 중대한 국가적 과제였다.

당시 변방 수비를 책임진 사람은 도원수 장만이었다. 장만은 광해군 때 함경도 관찰사, 형조 판서, 병조 판서 등의 요직을 두루 거쳤다. 반정 공신이 아니었던 장만이 도원수에 임명된 까닭은 장만이 인조반정 주체 세력과 인연이 있었기 때문이다. 국경 지역에서 근무한 점도 고려되었다.

인조는 부원수로 누가 적당한지 몰랐다. 후보로는 이서와 이괄이 올랐다. 인조가 장만에게 부원수 지명을 요청하자, 장만은 전투 경험이 많은 이괄을 부원수로 지명했다.

부원수는 도원수 못지않게 중요한 직책이었다. 최전방의 군대를 직접 지휘해야 했기 때문이다. 북방 수비대의 병력 약 1만 5,000명 가운데 주력 부대 만 명은 이괄의 지휘하에 있는 평안도 영변에 주둔했다. 지원 부대 5,000명은 장만의 지휘하에 있는 평양에 주둔했다.

이괄 역시 긴박한 시기에 중요한 직책을 맡았다는 책임감을 느끼고 있었다. 따라서 영변에 출진한 후 여진족의 침략에 대비해, 군사 조련, 성책 보수, 진영의 경비 강화에 힘을 쏟았다. 이괄의 풍부한 전투 경험과 통솔력이 많은 도움이 되었다.


한편, 조정에서는 반정에 대한 고변(告變)이 줄을 잇고 있었다. 인조반정 이후 정권을 안정시키기 위해 인조는 고변을 장려했다. 반대 세력을 경계하던 공신들은 남아 있는 한명련, 정충신, 기자헌 등 광해군과 친분이 있던 북인 세력을 제거하기 위해 음모를 꾸몄다. 그들의 눈에 이괄이 들어왔다.

1624년 1월 문회, 허통 등은 이전(이괄의 아들), 한명련, 정충신 등이 변란을 꾀하고 있다고 인조에게 고변했다. 이괄을 신임하던 인조는 고변을 쉽게 믿지 않았다.

엄중한 조사 끝에 무고임이 밝혀지자 조사 담당관들은 문회, 허통 등 고변자들을 사형시켜야 한다고 주장했다. 인조는 조사 담당관의 의견에 동의했지만 서인 집권 세력의 반대로 실행에 옮기지는 못했다. 오히려 당시 집권 세력인 김류, 김자점 등은 인조에게 후환을 없애려면 이괄을 국문하고 부원수직에서 해임해야 한다고 주장했다.

인조는 결국 모반 여부를 조사한다는 명목으로 이괄의 외아들 이전을 한양으로 압송하기로 했다. 이를 위해 금부도사와 선전관을 영변으로 보냈다. 이것이 화근이었다. 변방 수비에 전력을 다하고 있던 이괄은 자신과 외아들을 역모로 몰고 있는 서인 세력에 분개했다.

### 인조, 반란군을 피해 공주로 도망가다

이괄은 아들이 모반죄로 죽게 되면 자신도 온전할 수 없다고 판단하고, 마침내 반란을 일으켰다. 먼저 조정이 보낸 금부도사와 선전관의 목을 벴다. 이처럼 이괄의 난은 사전 계획에 의한 반란이라기보다 집권층의 의구심에 의해 일어난 우발적인 반란이었다.

반란을 일으킨 이괄은 구성 부사 한명련을 구출해 반란에 가담시켰다. 한명련 역시 모반 혐의로 한양으로 압송 중이었다. 병력 운용에 능했던 한명련은 이괄과 서로 긴밀한 관계를 맺고 반란군을 지휘했다.

모든 것이 이괄의 뜻대로 되지는 않았다. 이괄은 근처에 있던 정충신, 남이홍에게도 거사에 동참해 달라는 서신을 띄웠다. 안주 목사 정충신은 도원수 장만에게 합류했고, 남이홍은 반란의 증거물로 이괄의 편지를 조정에 바쳤다.

1624년(인조 2년) 1월 22일 이괄은 항복한 왜병 130여 명을 선봉으로 삼고, 만여 명의 군사를 이끌고 영변을 출발했다. 목표는 한양이었다. 도원수 장만이 주둔하고 있는 평양을 피해 샛길로 곧장 진군했다. 장만은 이괄이 반란을 일으켰다는 첩보를 입수했으나, 이괄과 정면으로 맞서 싸울 상황은 아니었다. 장만 휘하의 군사는 수천 명에 불과했다.

1월 28일 이괄의 군대가 평양 근처에 진군해 왔을 때, 도원수 장만 휘하의 중군 남이흥은 이괄의 부하들에게 투항을 권유하는 유인물을 뿌렸다. 마지못해 이괄의 반란군에 참여한 이괄의 부하들과 병사 4,000여 명이 유인물을 보고 마음이 동요해 도주하는 사태가 벌어졌다.

이괄의 군대는 황주에서 장만이 보낸 관군과 마주쳤다. 이번에는 이괄이 한명련의 계책에 따라 관군의 허를 찔렀다. 허전과 송립을 거짓으로 항복하게 해 관군을 방심하게 한 것이다. 이괄은 관군을 대파하고 선봉장 박영서 등을 사로잡아 죽였다. 이후 이괄은 쉬지 않고 진격했다. 이괄의 행군 속도가 어찌나 빨랐던지 관군 측에서는 이괄의 소재조차 확인하지 못하는 경우가 파다했다.

이괄의 군대는 파죽지세로 내려와 임진강에 다다랐다. 인조는 스스로 문제를 해결할 수 없었다. 2월 8일 인조 일행은 명에 파병을 요청하고 한양을 떠나 공주의 공산성으로 향했다. 칼이 목 끝에 오자 모반죄를 부르짖던 자들도 살아남기 위해 줄행랑을 쳤다. 선조가 명에 파병을 요청한 것은 외침 때문이었지만 이번에는 내란 때문이었다.

수원에서 한숨 돌린 인조는 "이괄의 군대가 어째서 저렇게 강하냐?"라고 물었다. 신하들은 이괄의 군대에 항복한 왜인이 있어 관군이 상대하기 어렵다고 고했다. 그러면서 왜관에 머물고 있는 왜인 1,000여 명을 아군으로 삼자고 청했다.

난리가 날 때마다 무능한 조정에는 스스로 해결할 힘이 없었다. 힘없는

조정은 임진왜란을 망각하기라도 한 듯 왜인의 힘을 빌리고자 했다. 백
성보다는 자신들의 안위가 우선이었다. 조선의 백성으로 태어난 게 죄라
면 죄였다. 인조는 사신을 보내려 했다. 다행히 이원익이 "뜻밖의 환란이
일어날 수 있다."라고 반대해 왜인 요청은 무산되었다.

2월 11일 이괄군은 출병 19일 만에 한양에 입성해 경복궁의 옛터에 주
둔했다. 조선 건국 이래 지방에서 반란을 일으켜 한양을 점령한 것은 이
괄의 군대가 처음이었다.

### 이괄의 '삼일천하', 바람 앞에 무너지다

한양을 장악한 이괄은 선조의 아들 흥안군을 왕으로 추대했다. 방을 각
처에 붙여 백성에게 각자 생업에 충실하도록 명하고, 새로운 행정 체제
를 갖추기도 했다.

흥안군은 선조의 열째 서자로 인조의 숙부뻘이었다. 이괄의 난이 일어
났을 때 이괄과 내통했다는 소문이 있어, 대간이 흥안군을 위리안치해야
한다고 제안했다. 인조는 이 제안을 물리치고 공주로 가는 피난길에 데
리고 갔다. 흥안군은 도중에 일행에서 빠져나와 이괄의 진중으로 도망쳤
다. 이괄은 한양에 입성했을 때 흥안군을 왕으로 추대했다.

이 무렵 도원수 장만의 군사와 관군 연합은 이괄 군대의 뒤를 쫓아 한
양 근교에 이르렀다. 장만과 정충신 연합군은 지형상 유리한 인왕산 길
마재(무악재)에 올라가 진을 쳤다.

관군과 반란군이 결전을 벌인다는 소문이 퍼지자 한양의 백성은 싸움

**길마재** 서대문구 현저동에서 홍제동으로 넘어가는 고개를 말한다. 인왕산과 무악산 사이에 있다. '길마재'라는 이름은 고개가 소의 등에 얹는 안장인 길마처럼 생겼다는 데서 유래했다.

을 구경하기 위해 도성 높은 곳에 몰려들었다고 한다. 이괄은 자신만만했다. 이튿날 아침밥을 먹기도 전에 관군을 격퇴하겠다고 자신 있게 말했다. 한명련의 선봉대가 항복한 왜병을 이끌고 길마재에 올라갔다. 이괄은 중앙에서 군을 총지휘했다.

처음에 정충신의 군대는 한명련의 군대에 밀렸다. 그런데 갑자기 바람의 방향이 바뀌어서 정충신의 군 쪽에서 쏘는 총알과 화살이 위력을 발휘하게 되었다. 이괄의 군대에서 한 장수가 관군의 화살에 맞아 쓰러지자 이를 본 남이흥이 "이괄이 화살에 맞았다."라고 소리쳤다. 이괄의 군대는 상황이 여의치 않음을 깨닫고 후퇴하기 시작했다.

이날 밤에 이괄, 한명련 등은 수백 명의 패잔병을 이끌고 수구문(지금의 광희문)으로 도성을 빠져나갔다. 이들은 삼전도를 거쳐 광주로 달아나서 광주 목사를 죽이고 이천에 이르렀다. 다음 날 이괄은 부하 장수에게 피살되었다. 이로써 이괄의 '삼일천하'는 결국 막을 내렸다. 2월 22일 한양으로 돌아온 인조는 반란 평정에 공을 세운 장만, 정충신, 남이홍 등 32인을 진무공신으로 포상하고 난의 수습책을 마련했다.

뛰어난 장수였던 이괄이 집권 세력 간의 싸움 때문에 역모에 휘말린 것은 참으로 안타까운 일이다. 상황이 달랐다면 나라를 지키는 장수가 되었으리라. 이괄은 시대를 잘못 만난 죄로, 광해군에 이어 인조에게도 칼을 들이댄 '반역도'로 역사에 남게 되었다.

이괄의 난은 정묘호란과 병자호란의 발단이 되기도 했다. 한명련의 아들 한윤은 반란군에 가담한 아버지가 살해당하자 후금으로 도망쳐 강홍립의 부하가 되었다. 정묘호란 때는 후금군의 길잡이가 되어 조선을 침략하는 데 앞장섰다.

한편, 이괄의 난으로 창덕궁이 불타자 인목대비는 인경궁으로 거처를 옮겼다. 인목대비는 정명공주가 결혼으로 출궁한 후에도 창덕궁에서 지내고 있었다. 인조는 경덕궁으로 이궁했다.

## 가도에 주둔한 모문룡, 군량만 축내다

당시 대륙에서는 누르하치가 여진족을 통일하고 후금을 세워 명과 패권을 다투고 있었다. 광해군은 명과 후금 사이에서 벌어지는 전쟁의 소용돌이에 휘말리지 않으면서, 임진왜란으로 혼란에 빠진 국가 체제를 복구하려고 했다. 이것이 실리에 입각한 광해군의 중립 외교다.

반면, 인조는 친명 배금 정책을 표방했다. 사실 명에 대한 사대주의는 반정으로 획득한 정권을 유지하기 위한 명분에 불과했다. 광해군이 중립 외교로 명에 대한 의리를 저버린 것을 비판하며 서인 일파가 반정을 일으킨 것이기 때문이다.

따라서 친명 배금 정책은 국제 정세를 냉철하게 판단하는 데서 나온 게 아니다. 이렇듯 조정의 기득권만 유지하려 했던 인조와 서인 세력은 곧 정묘호란과 병자호란을 불러일으킨다.

인조의 친명 배금 정책을 잘 보여 주는 사건이 있었다. 인조반정 세력은 권력을 잡고 난 후, 백성을 못살게 굴었던 모문룡에게 온갖 편의를 제공했다. 모문룡은 광해군 때부터 조선사에 이름을 남긴 명의 장수다.

1621년(광해군 13년) 후금의 공격으로 명은 요동 지역을 빼앗겼다. 이에 모문룡은 수많은 피란민을 이끌고 조선 땅인 평안도 의주로 근거지를 옮겼다. 명과 후금 양쪽의 눈치를 보던 조선의 입장에서는 그리 달갑지 않은 일이었다.

모문룡은 의주 일대의 한인(漢人) 세력을 모아 후금 병사 수십 명을 죽이는 전과를 올렸다. 후금이 보복에 나서자 모문룡은 평민의 옷으로 갈아입고 도주했다. 나중에 후금이 철수하자 다시 한인들을 모아 요동 수복을 외쳤다.

광해군은 1622년 11월 모문룡의 군사를 평안북도 철산 앞바다에 있는 가도로 옮기게 했다. 이는 명과 후금의 관계를 고려하면서 조선 땅에서 전쟁이 일어나는 것을 예방하는 한편, 명의 군사들이 조선 백성을 수탈하지 못하게 하려는 조치였다.

문제가 된 것은 모문룡이 조선에서 토색질을 했다는 사실이다. 인조는 명으로부터 책봉을 승인받기 위해, 조선에서 토색질을 일삼는 모문룡을 극진히 대접했다. 모문룡에게 지원한 군량만 해도 한 해에 10만 석이 넘었다고 한다. 이는 당시 한 해 조선 전체 경비의 3분의 1에 해당할 정도로 엄청난 양이었다.

인조반정 세력은 모문룡에게 잘 보여 명의 인정을 받으려 했다. 하지만 명은 인조가 등극한 지 2년이 지나도록 책봉 승인에 성의를 보이지 않았다. 3년째 되어서야 조선은 명의 승인을 받았다. 당시 조선에 들어왔던 명의 사신은 만 냥의 은을 요구했다. 심지어 행차할 때 강에 다리가 없으면 '무교가(無橋價)'라는 명목으로 돈을 받아 냈다고 한다.

### 인조의 향명 배금 정책, 정묘호란을 부르다

후금에서는 태조 누르하치에 이어 1626년 태종 홍타이지가 새로 즉위했다. 홍타이지는 누르하치의 여덟 번째 아들이다. 후금의 태종은 1627년 1월 군사 3만 명을 이끌고 조선을 침략했다. 중국 본토에서 명과 일전을 벌이기 전에 후방을 안정시키기 위해서였다.

1627년 1월 13일 홍타이지의 사촌인 대패륵 아민은 군사를 이끌고 압록강을 넘어 평안도 의주로 들이닥쳤다. 의주성은 조선의 관문이자 국방의 요새였다. 이순신의 조카 이완이 이 성을 3,000명의 병력으로 철통같이 지키고 있었다. 아민은 성을 직접 공격하는 것을 포기했다. 아민은 의주성의 탈주병으로부터 성의 내부 정보를 받았다. 다음 날 새벽 아민의 군대는 의주성으로 들어가는 수로로 몰래 침입해 결국 성을 함락했다.

의주성을 함락한 아민의 군대가 용천으로 밀려오자, 용천 부사 이희건은 용천 군민을 용골산성으로 이동시켰다. 이희건은 군대를 이끌고 적진으로 돌진했으나 전멸당하고 말았다. 하지만 산성 안의 군민들은 의병장 정봉수를 중심으로 끝까지 대항했다.

이때 주변 지역에서 성안으로 모여든 의병이 무려 만여 명에 달했다. 1월 15일 후금의 주력 부대 약 2만 명이 용골산성을 공격했으나 의기투합한 의병을 쉽게 이길 수는 없었다. 이에 후금군은 작전을 바꾸었다. 성의 동문, 서문, 남문에 공격을 집중하는 척하면서 수비가 허술해진 북문을 집중적으로 공략했다. 결국 용골산성도 함락되고 말았다.

같은 날 후금의 일부 병력은 평안도 앞바다의 가도로 향했다. 가도에 주둔하던 명의 장수 모문룡은 후금에 눈엣가시였다. 모문룡이 후금군의 배후를 자주 습격했기 때문이다. 후금의 태종은 명과 조선 사이의 유대 관계를 끊을 목적으로 가도를 공격하고 모문룡을 선천 신미도로 몰아냈다.

1월 17일 조선 조정은 후금의 군대가 선천, 곽산까지 침입했다는 보고를 받았다. 인조가 영중추부사(領中樞府事, 조선 시대에 둔 중추부의 으뜸 벼슬로 정1품의 무관 벼슬) 이원익에게 적의 진격 속도를 물었다.

"철기(鐵騎)로 거침없이 쳐들어온다면 하루에 8~9식(息)의 길을 달릴

**홍타이지**(1592~1643)  청의 제2대 황제이다. 국호를 후금에서 '청(淸)'으로 고쳤고, 연호를 숭덕이라 하여 '숭덕제'라 불린다.

수 있나이다. 그러니 시급히 대비해야 합니다."

이원익의 계산대로라면 후금 군대가 하루에 94~106km를 진군할 수 있으므로, 닷새면 한양까지 도달할 수 있었다.

1월 21일 정주의 능한산성 함락 소식을 접한 조정은 분조를 준비했다. 같은 날 후금의 약 2만 병력은 청천강을 건너 안주성을 공격하기 시작했다. 후금 군사들이 안주성 성벽을 넘자 남이흥과 장수들은 준비해 둔 화약을 터뜨려 자폭했다. 후금군은 성을 점령했지만 기가 질렸다.

남이흥은 이괄의 난 때 활약한 장수다. 남이흥은 지리적으로 유리한 길마재에 진을 치고 위에서 이괄의 군대를 내려다보며 공격하자는 정충신의 주장에 동조해 싸움을 승리로 이끌었다. 하지만 탁월한 전략과 심리전으로 유명한 남이흥이라도 후금의 철기는 당해 낼 수 없었다.

철기는 강철 같은 기마대를 의미한다. 후금의 철기가 만주 평원을 내달리며 성을 공격하면 명 군대는 공포에 질렸다. 그러면 선두의 기마대가 돌이나 흙을 담은 자루를 들고 쏜살같이 달려와 성 아래에 쌓았다. 대열을 지은 기마대가 몇 차례 달려와 자루를 쌓으면 성을 넘을 정도로 높은 자루 언덕이 만들어졌다. 후금의 기마대가 자루 언덕을 힘차게 밟고 성을 넘어서면 그 위세는 하늘을 찔렀다. 사다리를 놓아 성을 공략하는 방식과는 차원이 달랐던 것이다.

안주성이 함락되었다는 소식에 겁을 먹은 평양성의 조선군은 모두 도주해 버렸다. 2,000여 명의 평양 군민이 성에 남아 후금군을 막아 보려 했지만 역부족이었다. 1월 24일 마침내 평양은 후금군의 손에 넘어갔고, 이튿날에는 황주까지 함락되었다.

후금군은 파죽지세로 한양을 향해 밀고 내려왔다. 평산에서 방어진을 치고 있던 도체찰사 장만은 예성강 남쪽인 개성으로 물러나 진을 치고 적과 대치했다. 한편, 조정은 분조를 단행했고 소현세자가 이원익 등과 함께 전주로 향했다. 26일에는 인조마저 강화도로 파천했다.

### 인조, 광해군보다 한술 더 뜨다

아민의 후금군은 한양으로 곧장 진격하지 않고 사신인 유해를 강화도로 보내 협상을 하려 했다. 조선을 점령할 수는 있겠지만 3만 명의 군병으로 완전한 항복을 받아 낸다는 보장은 없었다. 1627년 2월 2일 강화도에 도착한 서신에는 다음과 같은 내용이 적혀 있었다.

"귀국은 명과의 왕래를 끊고, 후금은 형의 나라가 되고 조선은 아우의 나라가 되어야 한다."

조선은 "우리가 하루아침에 황조(皇朝, 황제의 조정)를 저버린다면 귀국이 장차 우리를 어떻게 여기겠소."라는 내용의 국서를 보내 명과 국교를 단절하는 사태를 막았다.

화친 과정은 굴욕적이었다. 후금은 자신의 맹약 방식에 인조가 따를 것을 요구했다. 백마와 흑우를 잡고 피와 골을 마시며 맹세하는 것이 후금의 방식이었다.

반정 공신들이 반발하니, 유해가 타협책을 제시했다.

"조선 왕이 모후의 상중이라고 하니 왕은 향불만 태우고 대신이 백마의 피를 나눠 마시면 되지 않겠소."

후금의 제안에 따라 인조는 화친을 약속하는 맹세를 올렸다. 인조는 향을 태웠고 맹약식을 진행한 신하가 백마와 흑우의 피를 나눠 마셨다.

화친이 이뤄짐에 따라 후금군은 청천강 이북으로 물러났다. 이로써 1627년 1월 중순부터 3월 초까지 약 2개월간 벌어진 정묘호란이 막을 내렸다.

강화를 맺는 데 누구보다 앞장선 반정 공신은 이귀다. 이귀가 누구인가? '후금과 화친했다'라고 비난하며, 광해군을 몰아내는 데 누구보다 열성을 보였던 사람이 아닌가. 그러나 이제 인조로 하여금 굴욕적인 화친

**연미정(인천시 강화군)** 한강과 임진강이 합류하는 지점인 월곶리에 세워진 정자다. 물길이 갈라진 모양이 마치 제비 꼬리 같다고 하여 '연미정'이라는 이름이 붙었다. 정묘호란 때 후금과 맹약식을 치른 곳이다.

을 맺게 했다. 역사의 아이러니다. 힘이 없는 구호는 아무짝에도 소용이 없다.

같은 해 10월 강원도 횡성에서 이인거가 역모를 일으키며 외쳤다.

"조정에서 오랑캐와 화친했으니 화친을 주장한 간신들의 목을 베고 후금을 토벌하겠다."

조정은 이인거와 세 아들은 체포해 한양으로 압송했고, 저잣거리에서 참형했다. 이인거의 난으로 인조와 조정 공신의 반정 명분은 송두리째 흔들렸다.

반정 세력은 후금을 자극하지 않기 위해 맹약 의식을 치렀다. 자신들이 비난했던 광해군처럼 오랑캐와 화친한 것이다. 굴욕적인 화친 방식을 볼 때 인조는 광해군보다 오히려 한술 더 떴다.

한편, 요동 수복을 부르짖던 모문룡은 후금과 무모한 전투를 일삼아 패배를 거듭했다. 결국 후금에 화친까지 청하는 처지가 되었다. 1629년 6월 요동 경략이었던 명 무장 원숭환은 자신의 안위만 도모하던 모문룡을 영원성으로 불러들여 참수했다. 이로써 쇠퇴하는 명, 떠오르는 후금, 관망하는 조선 사이에 '뜨거운 감자'로 떠올랐던 가도 사건은 일단락되었다.

**목릉(경기 구리시)**

선조, 의인왕후, 인목대비의 능으로 이뤄져 있는 목릉 가운데 인목대비의 능이다. 인조는 인목대비의 상을 치르다가 백서삼폭의 글귀를 보고 대비가 음모를 꾸몄다고 의심했다. 의심증은 날이 갈수록 심해져 정명공주를 또 다른 배후자로 지목했다.

# 인조의 저주 타령,
# 정명공주를 겨냥하다

### 무고 사건

**인목대비의 죽음, 또 다른 파란을 예고하다**

대륙 한쪽에서 계속되었던 후금과의 분란이 소강상태에 접어들 즈음 인목대비의 병세가 심해지기 시작했다. 1631년(인조 9년) 봄 인목대비는 설사와 복통, 고열 등에 자주 시달렸고 잠도 제대로 자지 못했다. 가을 무렵 조금씩 나아지는 듯 보였으나 해가 지나고 봄이 되자 증세가 악화되더니 여름 삼복더위가 시작되면서 건강은 걷잡을 수 없이 나빠졌다.

경덕궁에 있던 인조도 인경궁으로 넘어와 인목대비를 간병하기 시작했다. 인조는 마치 인목대비가 자신을 지켜 주는 사람이라도 된 듯이 병구완에 매달렸다. 하지만 1632년(인조 10년) 인목대비는 49세에 인경궁에서 마지막 숨을 거두었다.

인목대비를 장사 지낼 때 대제학 장유는 다음과 같은 지문(誌文)을 지어 올렸다.

종들을 부림에 있어서도 은혜와 위엄으로 지극히 대했기에 비록 유폐되어 오랫동안 곤욕스러움을 당하셨어도 어느 누구도 감히 두 마음을 품은 자가 없었다. 왕후가 영창 대군과 정명 공주를 낳았는데, 영창은 흉화(凶禍)로 일찍 죽고 공주는 영안위 홍주원에게 하가(下嫁, 공주나 옹주가 귀족이나 신하에게로 시집감)하여 3남 1녀를 낳았는데 모두 어리시다.

아, 성실하고 그윽하고 아름다운 덕을 갖춘 왕후께서 불행하게도 인륜의 변을 만나 온 집안이 참혹한 화를 당하였는데, 마침내 화를 모면하였던 것은 우리 성상께서 사직을 안정시킨 한 번의 거사에 힘입은 것이다. 전에는 울다가 이제야 웃으시며 융성함을 누린 지 겨우 10년이 되었는데, 강릉(岡陵, 언덕이나 작은 산)과 같은 장수를 하늘이 마침내 인색하게 하였으니, 아, 애통하다.

**목릉(경기 구리시)** 선조의 계비이자 영창대군의 생모인 인목대비의 능이다. 인목대비는 서궁에 유폐되었다가 인조반정으로 복위되어 대왕대비에 올랐다.

인조는 인목대비가 세상을 뜬 후 4개월이나 여막(廬幕)에 거처하며 초상을 치렀다. 상을 치르느라 쇠약해졌는지 인조는 결국 병에 걸리고 말았다.

속에서는 불이 나는 듯 더운 기운이 꿈틀거리는데 겉에서는 얼음이 언 듯 찬 기운이 넘실거렸다. 속의 열기가 갑자기 뻗치기라도 하면 온몸이 불덩이처럼 달아올랐다. 추웠다 더웠다 하는 일이 반복되는 가운데 오른팔에 마비 증상까지 왔다. 용한 어의들도 병명조차 알지 못했다. 시도 때도 없이 찾아오는 오한은 인조를 고통의 나락으로 떨어뜨렸다. 이런 증세가 한 달 넘게 지속되자 어의들은 정밀 검사를 받고 요양할 것을 권했지만 인조는 인목대비 치상(治喪)을 위해 그럴 수는 없다고 거부했다.

### 정명공주, 저주 의혹을 받다

인조는 1632년 10월 18일 인목대비의 졸곡(卒哭) 때까지 치료를 거부한 채 상을 치르는 데만 열중했다. 겉으로는 인목대비의 죽음을 애도하는 것처럼 보였다. 하지만 과연 그랬을까. 인목대비는 반정의 명분일 뿐 피 한 방울 섞이지 않은 남이었다. 게다가 인조는 뭔가 보여 주는 데 익숙한 인물이었다.

상을 치르느라 정신적, 육체적으로 피폐한 상태가 계속되자 인조의 의심증이 도졌다. 먼저 백서삼폭(帛書三幅)을 떠올렸다. 인조는 인목대비 초상을 치르던 중 인경궁에서 비단 세 폭을 발견했다. 이것이 이른바 백서삼폭이다. 비단에는 다음과 같은 말이 쓰여 있었다.

"반고(頒告, 국내에 반포하는 명령서)나 주문(奏聞, 중국 황제에게 국내 사정을 알리는 보고서)으로 왕을 폐위하고 세우는 것과 같았다."

반고나 주문은 왕만이 작성할 수 있는 극비 문서다. 문제는 "왕을 폐위하고 세우는 것과 같았다."라는 내용이었다. 인목대비 외에는 이런 문서를 쓸 수 있는 사람이 없었다.

인조는 인목대비가 자신을 폐위하고 다른 누군가를 왕으로 세우려 했던 것은 아닐까 의심하기 시작했다. 하지만 왕의 이름이 기록되어 있지 않았으므로 역모의 결정적 증거로 보기에는 미흡했다.

별로 달갑지 않은 물건을 그냥 내버려 두고 싶지도 않았다. 인조는 백서삼폭을 불살랐다. 다만 증인을 남겨 둘 필요가 있다고 생각해서 불태우기 전에 가까운 종친들에게 보여 주었다. 종친들은 인목대비가 서궁에 있을 때 광해군을 폐위하려는 의도로 쓴 글이라고 해명했지만 인조의 귀에는 어떤 말도 들어오지 않았다.

인조는 밀정을 궁궐 곳곳에 심어 두었던 것 같다. 인조는 자신의 입으로 다음과 같이 말한 적이 있다.

"궁녀 옥지 등 서너 명이 밤마다 문을 닫고 몰래 은밀한 곳에 가서 제사를 지내며 기도했다. 인목대비 초상 때 누군가가 내게 전해 주었다."

인조가 심어 둔 '누군가'가 백서삼폭도 찾아냈을 것이다. 궁궐 사람이 은밀한 곳에 가서 제사를 지내며 기도했다는 내용은 인조에게 저주 행위에 대한 의심을 불러일으켰다. 인조의 의심은 악화되었다.

인목대비의 졸곡을 이틀 앞둔 1632년(인조 10년) 10월 16일 회은군 이덕인이 고변서를 올렸다. 회은군의 고변은 애매모호했다.

"이러이러한 일이 있는데, 그 일이 무엇인지는 알지 못하니 소문을 낸 자들을 잡아 조사하는 게 좋을 듯합니다."

회은군이 고변을 하게 된 경위는 이렇다. 홍집이라는 인물의 첩이 임해 군 종의 아내인 얼현에게서 들었다면서 '이러이러한 일'에 대해 남편에 게 말했다. 남편 홍집은 다른 사람들에게 그 소문을 퍼뜨렸다. 『인조실 록』에 따르면 홍집이 자신의 첩에게서 들었다는 소문은 다음과 같다.

신의 첩이 신에게 '같은 동네에 있는 임해군 종의 처가 어느 날 찾아와서 큰일 이 있다고 말했다.'라고 전했습니다. 신의 첩이 자세히 묻자 '경창군이 임해군의 양자가 된 자기 아들을 위해 인조반정과 같은 일을 도모하고자 술사들을 불러 거 사할 기일을 골랐는데, 이 일을 대비도 알고 있나이다.'라고 대답했습니다.

의심증 환자 인조는 뭔가 수상하다고 여겨 조사하도록 명했다. 10월 17일 바로 체포된 얼현은 아홉 차례 형장을 맞은 끝에 소문이 사실이라 고 토설했다.

인조는 얼현의 고백을 의심의 고리를 푸는 단서라고 생각했다. 인조의 추론에 따르면 백서삼폭은 인목대비가 경창군의 아들을 왕으로 세우려 한 데 대한 물증이다. 또한 저주 사건 역시 인목대비가 인조를 저주하여 죽이려고 벌인 짓이다.

인조의 밀명을 받은 환관들은 인목대비의 궁녀들을 불러내서 고문을 가해 자백을 받아 내려 했다. 공교롭게도 인조가 거처하는 경덕궁에서 저주물이 여럿 발견되었다. 심증이 물증으로 굳어지는 순간이었다.

사실 2년 전부터 병을 앓던 인목대비에게는 이런 치밀한 음모를 꾸밀 육체적, 정신적 여유가 없었다. 대비의 궁녀들은 인목대비가 죽은 후에도 은밀하게 제사를 지냈다. 이는 백서삼폭과 저주 사건을 꾸민 이가 인목대비가 아닌 다른 누군가일 수도 있다는 가능성을 제시한다.

인조는 '다른 누군가'가 정명공주일 것이라 생각했다. 인조는 반정으로 정권을 잡은 정통성이 없는 왕이었으므로 누군가 자신의 자리를 빼앗을 수 있다는 피해망상에 늘 사로잡혀 있었다. 정명공주는 선조의 유일한 적통이었고, 인조는 그런 정명공주와 그 주변 인물들이 자신을 몰아낼 것이라 의심했다.

광해군이 "영민하고 민첩하며 어여쁘다."라고 칭찬했을 정도니 정명공주는 지모(智謀)가 뛰어났을 것이다. 게다가 정명공주의 남편 홍주원은 명문 풍산 홍씨 가문과 서인의 후광을 입고 있었다. 여러 정황으로 볼 때 정명공주가 배후자로 지목될 수 있는 상황이었다.

하지만 정명공주가 과연 후원자이자 구원자인 인조를 몰아내려고 했을까? 서인에 속한 홍주원이 음모를 꾸밀 리도 없다. 차라리 정명공주를 음해하고 있는 세력이 있었다고 생각하는 것이 이치에 맞다.

상황을 지켜보던 반정 공신들은 아차 싶었다. 인목대비가 백서삼폭과 저주 사건의 배후 인물로 밝혀지면 반정의 명분이 사라진다. 인목대비가 아닌 정명공주가 배후자로 연루되어도 반정 공신들의 입지는 무너질 것이다. 누구도 인목대비와 정명공주를 따로 떼 놓고 생각할 수는 없었다. 인목대비와 정명공주는 자신들이 존재할 수 있는 이유이자 명분이었다. 두 사람을 내세워 반정을 성공시킨 공신들은 백서삼폭과 저주 의혹을 인목대비와 정명공주에게 연루시키길 원하지 않았다. 어느 경우건 유리할 게 없었다. 명분을 잃으면 입지가 무너지고, 입지가 무너지면 또 다른 반정이 일어날 것이다.

『연려실기술』에는 효종의 장인 장유가 정명공주에 대한 의혹을 경계하는 내용이 실려 있다.

인목대비가 승하한 후 궁중에 백서가 발견되었는데, 도리에 어긋난 말이 많았다. 인조는 정명공주방을 의심해 어찰(御札)을 보내 장유에게 물었다. 어찰을 보고 놀란 장유는 "옥사를 일으켜서는 안 됩니다."라는 내용의 답장을 보냈다. 인조는 세 번이나 어찰을 보냈는데, 장유의 대답은 한결같았다. 인조가 장유의 세 번째 회답을 받았을 때 효종이 옆에 있었다. 인조는 장유의 글을 땅바닥에 던지며 "네 장인이 이토록 고집이 세니 어찌 더불어 일을 논할 수 있단 말인가."라며 불편한 기색을 드러냈다.

결국 인조는 공신들의 강력한 반대에 부닥쳐 내수사에서 조사를 마무리하기로 했다. 인조는 내수사에서 궁녀들의 자백을 받아 내려 했다. 궁녀들이 고문을 못 이겨 억지 자백이라도 하면 난처해지는 쪽은 공신들이었다. 공신들은 국청(鞠廳)에서 자신들이 직접 궁녀들을 조사할 수 있도록 해 달라고 인조에게 요청했다.

반정 공신의 대표 격인 이귀가 차자(箚子, 일정한 격식을 갖추지 않고 사실만을 간략히 적어 올리던 상소문)를 올려 궁녀들을 국문할 것을 청했다. 이때 상황은 『승정원일기』 1632년 10월 28일자에 전한다.

"궁궐에 저주물이 퍼져 있는데, 그 흉악한 음모가 대비에게 미칠까 걱정되나이다. 역적을 잡아내는 것이 무엇보다 급합니다. 삼사에서는 대비의 궁녀들을 국청에 내릴 것을 한두 번 요청하다 포기했는데, 어찌 역적을 잡는 도리를 다하고 있다 하겠나이까. 이제 저주물이 궁중에 널리 퍼져 사사로운 무고가 미치지 않는 곳이 없습니다. 이러한 때에 마침 대비께서 승하하셨으니 신민의 원통함을 어찌 가늠하겠나이까. 내수사의 흉악한 무리를 속히 국청으로 내려 엄히 국문하고 실제 사정을 밝히어 대비의 원수를 갚고 신민(臣民)의 원통함을 씻도록 해 주시옵소서. 전하께서 신의 요청을 물리치신다면 신은 대궐 마당에서 말라 죽을지언정 물러나지 않겠습니다."

승정원에서 차자를 올리자 상께서 비망기를 내렸다.

"형체도 없는 말을 망령되이 퍼뜨려 사람들을 현혹했으니 몹시 부당하니 우선 추고하도록 하라"

이귀는 인목대비도 저주의 피해자라고 주장했다. 인목대비가 피해자라면 정명공주 역시 피해자다. 인조는 여러 날이 지나도록 이귀의 요청을 받아들이지 않았다. 무엇에 홀렸는지 그만큼 의심이 깊었다. 하지만 신하들을 무작정 무시할 수도 없었다.

결국 인목대비의 궁녀들을 국청에 내려보냈다. 저주의 배후는 인목대비나 정명공주가 아니라 궁녀들이었다고 결론이 났다. 인목대비의 궁녀 윤 소원과 정 상궁이 독단적으로 벌인 소행이라는 것이다. 인조도 이 결론을 받아들일 수밖에 없었다.

인목대비의 궁녀들만 애꿎은 죽음을 맞았다. 이들은 인조를 저주할 하등의 이유가 없었다. 반정 공신들도 이를 모를 리 없었다. 공신들은 반정의 명분을 지키기 위해 인조의 묵인하에 죄 없는 궁녀들을 희생양으로 삼았다.

정명공주는 죽음의 문턱까지 갔다가 반정 공신들의 노력으로 음모의 굴레에서 벗어났다. 반정 공신들이 움직이지 않았으면 정명공주는 물론 남편 홍주원, 여덟 살 된 첫째 아들, 두 살 된 둘째 아들 모두 화를 입었을 것이다. 시댁인 풍산 홍씨 가문도 배후로 지목되어 무사하지 못했을 것이다.

## 이형익의 번침, 인조는 물론 정명공주도 살리다

고비를 넘겼다고는 하지만 인조의 의심이 풀린 것은 아니었다. 인조는 단지 자신의 입장 때문에 칼을 빼들지 않았을 뿐이다. 여전히 정명은 살얼음판 위에 있었다.

1632년(인조 10년) 10월 24일 인조가 "궁중에서 수많은 저주물이 발견되었다."라고 조정 대신들에게 말했다. 조정 대신들은 저주 때문에 병세가 악화되었으니 다른 궁으로 옮기는 게 좋겠다고 제안했다. 인조는 대신들의 충고에 따라 11월 9일 수리한 창덕궁으로 들어갔다. 여전히 병세에 차도가 없자 인조는 정명공주가 살아 있기 때문이라고 생각했다. 하지만 드러내 놓고 말할 수는 없었다.

11월 6일 약방에서는 침술에 뛰어나다고 소문난 이형익을 어의로 부르려 했다. 인조는 시큰둥한 반응을 보였다. 유학자이지만 침술로 명성을 얻은 이형익은 특히 괴질(怪疾) 치료에 뛰어나다고 널리 소문이 나 있었다. 당시에는 저주로 인한 병도 괴질의 일종으로 간주되었다.

괴질에 시달리던 많은 사람들이 이형익의 침을 맞고 낫자 한양의 유력자들도 그를 찾기 시작했다. 이형익은 번침, 즉 달군 침을 이용해 자신만의 독특한 방법으로 환자를 치료했다. 침을 놓는 자리부터 기존과 달라 불안해하는 환자들도 있었다. 하지만 끝내 이형익을 찾았다.

병세가 날로 심해지자 인조는 침을 맞기 시작했다. 며칠 동안 침을 맞았지만 효과를 보지 못했다. 결국 이형익을 불러 번침을 맞기로 했다. 두 달여에 걸쳐 여섯 번 침을 맞았는데, 용케도 효과가 나타나기 시작하더니 인조의 병은 마침내 완쾌했다. 이형익의 번침은 정명공주에게도 행운이었다. 인조가 건강을 되찾자 정명공주에 대한 의심도 거두었기 때문이다.


**인조, 몸만 아프면 저주 타령을 하다**

인조는 인목대비의 초상을 치르는 데 열중하며 자신의 도덕성을 과시했다. 동시에 의심의 눈초리도 거두지 않았다. 인조는 몸이 아플 때마다 저주 때문이라 여기고 주변 사람들에게 누명을 씌웠다.

인목대비가 죽은 지 7년이 지났다. 1639년(인조 17년) 인조는 또다시 원인을 알 수 없는 병에 걸렸다. 이형익의 번침으로도 치료되지 않았다. 인조는 자신이 이번에도 저주로 인해 병에 걸렸다고 믿고 저주물을 찾게 했다.

때마침 원손이 거주할 향교동 본궁에서 저주할 때 쓰는 물건이 발견되었다. 인조는 사건의 주범으로 정명공주를 지목했다. 정명공주가 홍주원에게 시집갈 때 따라갔던 궁녀들이 줄줄이 끌려갔다.

다음 차례는 정명공주였다. 살얼음판을 걷던 정명공주에게 7년 만에 또다시 위기가 찾아온 것이다. 이번에도 반정 공신들이 움직였다. 하지만 이번에는 인조의 의지가 워낙 강했다. 인조반정의 일등공신인 최명길의 만류가 없었으면 또 한 차례 피바람이 불었을 것이다.

인조는 저주의 변고가 일어난 초기에 한 외척 중신을 최명길의 집에 보내 자신의 말을 전했다.

"과인의 병이 날로 깊어지는 가운데 의심스러운 단서가 드러났다. 부득이 나가서 치료해야겠으니 경은 내 뜻을 알아 달라."

임금이 정명공주를 의심하기에 최명길이 아뢰었다.

"선조 대왕의 골육으로 정명공주만 남아 있나이다. 이제 와서 옥사를 일으키면 반정을 일으킨 명분은 사라지고 맙니다. 더구나 무고는 예로부터 애매해서 밝히기 어려운 점이 있나이다."

며칠 후 인조가 정명공주의 여종들을 체포하려 할 때도 최명길이 아뢰었다.

"별궁으로 거처를 옮겨 궁인들을 잡아 문초하시옵소서."

인조가 받아들이지 않자 최명길이 여러 번 정명공주가 저주와 무관함을 아뢰었다. 크게 노한 인조는 최명길이 눈에 보이지 않으면 자신의 뜻대로 할 수 있을 것이라 생각했다. 결국 최명길에게 심양에 사신으로 가라고 명했다. 하지만 최명길은 포기하지 않았다. 사신으로 나선 최명길은 의주에 이르러 인조에게 글을 올렸다. 이는 『연려실기술』에 전한다.

궁궐의 저주 사건은 온 나라의 신하와 백성이 다 함께 분하게 여기고 있나이다. 신이 어리석게도 쥐를 잡으려다 그릇을 깰 우려가 있다고 판단해 좋은 계책을 구하려 했지만 도리어 난처한 지경에 처했습니다. 선조 대왕은 만년에 정명공주와 영창대군을 보았으나 공주와 대군이 성장하기도 전에 승하하셨습니다. 지난 일은 생각할수록 답답할 뿐입니다. 이제 정명공주만 홀로 남아 있나이다. 이제 애매한 일로 정명공주를 연루시켜 천수를 누리지 못하고 죽게 한다면 오늘의 수상된 자로서 어찌 그 책임을 감당하겠나이까. 또 장차 어찌 선왕을 지하에서 뵐 수 있겠나이까.

최명길은 인조의 아킬레스건인 반정의 명분을 상기시켰다. 최명길은 정명공주가 혹여 잘못되기라도 한다면 그것은 곧 자신의 책임이라고 말했다. 인조에게 책임이 있다는 것을 에둘러 말한 것이다.

최명길이 사신 길에 올라서도 정명공주를 구명하는 글을 올리자 인조도 개운치는 않았다. 정명공주는 살얼음판을 걸으면서도 숨죽이며 살았다. 자신은 미동조차 하지 않았다. 하지만 최명길을 비롯한 대신들은 정명공주의 일이 마치 자신의 일이라도 되는 양 적극적으로 대응했다. 일단 저주 의혹은 수면 밑으로 가라앉았지만 언제 다시 튀어 오를지 모르는 활화산이었다.

### 의심증 환자 인조, 조귀인에게 홀렸나

인조의 저주 타령, 과연 혼자만의 타령이었을까. 누군가가 배후에 있지는 않았을까. 세상은 남자가 움직인다. 그 남자는 여자가 움직인다. '베갯머리송사'라는 말도 있지 않은가. 인조 뒤에는 치명적인 매력을 지닌 여자 조귀인이 있었다.

정묘호란이 발생한 지 3년이 지난 1630년 조귀인이 후궁으로 책봉되었다. 조귀인은 연이어 자식을 낳았다. 1637년에는 효명옹주가, 1639년에는 숭선군이, 1641년에는 낙선군이 태어났다. 2년 터울로 자식을 셋이나 낳았다는 것은 인조가 조귀인에게 푹 빠져 있었다는 것을 말해 준다.

인조는 정묘호란과 병자호란으로 큰 자괴감에 빠졌다. 일국의 왕으로서 씻을 수 없는 수모를 당했다. 목숨을 부지한 것만도 천행이라고 생각해야 할 정도였다. 자신을 감싸던 세상이 다 쓸려 나가고 혼자 남은 것 같은 심정이었다. 그 틈을 조귀인이 파고들었다.

인조의 승은을 입은 조귀인은 하루아침에 첩의 딸에서 왕의 여인으로 변신했다. 종4품 숙원에서 시작해 단숨에 종1품 귀인 자리를 꿰찼다. 조선의 신데렐라가 탄생한 것이다.

첩의 소생인 조귀인 역시 소실이 될 수밖에 없는 운명이었다. 그러던 중 음모를 꾸미고 있던 김자점의 눈에 조귀인이 들어왔다. 야심가인 김자점은 조귀인을 내버려 두지 않았다. 그렇다고 자신이 취하지는 않았다. 더 크게 쓸 데가 있다고 보았다. '나를 홀렸다면 왕인들 홀리지 못하겠는가.'

김자점은 조귀인을 자신의 양녀로 입적하고 성까지 김씨로 바꿔 첩의 딸이라는 꼬리표를 뗐다. 그런 후 조귀인을 인조의 후궁에 천거했다. 그녀는 후궁의 첩지를 하사받고 대궐에 첫발을 내디뎠다. 팜므파탈로서 첫발을 디딘 것이다.


인조의 눈이 오로지 자신에게로만 향하길 바랐던 조귀인은 인목대비와 정명공주가 달갑지 않았다. 인조반정의 명분을 제공했던 인목대비는 인조에게 종종 압력을 행사하곤 했다. 인조 역시 인목대비와 정명공주에게 과분할 정도로 정성을 다했다.

1624년(인조 2년) 5월 29일 인조는 광해군이 지은 인경궁을 허물어 확보한 자재를 정명공주방에 내리게 했다.

"정명공주의 길례 때 살림집을 지어 주었으나 최근 변란을 겪었기 때문에 다시 집을 고치지 못해 미안하게 되었다. 인경궁의 재목과 기와를 옮겨 주어 간수했다가 쓰게 하도록 조치하라."

비록 백성을 힘들게 한 궁궐이었지만 인경궁은 엄연한 문화유산이었다. 인조는 그 아름다운 궁전까지 허물며 인목대비의 환심을 샀다. 자신을 왕위에 올린 인목대비가 자신을 내려오게 할 수 있다고 생각했는지도 모른다.

조귀인은 음모와 투기의 화신이었다. 1625년 인열왕후가 죽고 인조는 1638년에 장렬왕후를 계비로 맞이했다. 장렬왕후는 조귀인에게는 중전이기 이전에 연적이었다. 조귀인은 인조에게 새 왕후가 중풍이 들었으니 왕비전에 들지 말라고 당부했다. 귀가 얇은 인조는 조귀인의 말대로 병이 옮을까 두려워 내전에 발걸음을 하지 않았다.

인조는 경덕궁으로 거처를 옮길 때 중전은 창경궁에 남겨 놓고 조귀인만 데리고 갔다. 조귀인이 결국 인조의 사랑을 독차지하게 된 것이다. 조귀인은 본격적으로 눈에 거슬리는 인물들을 제거해 나가기 시작했다.

조귀인은 인조의 저주 타령을 부추겼다. 궁중에서 발생한 네 번의 저주 사건은 조귀인이 벌인 일이라는 의견이 지배적이다. 1632년(인조 10년), 1639년(인조 17년)에 발생한 저주 사건의 주동자로 인목대비의 고명딸 정명공주가 지목되었다.

조귀인은 소현세자의 빈인 민회빈 강씨가 인조를 저주했다고 무고(誣告)하기도 했다. 결국 강씨는 왕의 수라상에 독을 넣었다는 혐의를 받아 1646년 3월 사약을 받았다. 이어 세자의 어린 세 아들은 귀양을 갔고 강빈의 노모와 네 형제는 모두 처형되었다.

무고는 궁중에서 자주 사용하는 음해 수단이다. 무고 뒤에는 치명적인 매력을 지닌 여성이 있었다. 팜므파탈은 쉽게 무찌를 수 없는 보이지 않는 적이었다.

## 정명공주, 17년 인고의 세월 동안 스스로를 다스리다

정명공주는 숱한 무고를 어떻게 넘었을까. 정명공주는 바로 맞대응하지 않았다. 바로 반응을 보였다면 제 발 저려 그런다는 의심을 받았을 것이다. 정명공주는 서궁에 유폐되었을 때와 마찬가지로 숨죽이고 있었다. 움직이면 공격의 타깃이 된다는 것을 숱한 굴곡의 시기를 거치면서 깨달았다.

때로는 숨죽이고 있는 것, 다른 사람이 움직이도록 하는 것, 그것이 서궁에서 체득한 '빛나는 다스림'이라는 '정치 기술'이 아니었을까. 실제로 정명공주를 지켜 준 사람은 죽은 어머니도 남편도 아니었다. 정명공주를 살린 것은 반정 공신이다. 정명공주는 어떤 말이나 행위도 없이 반정 공신을 움직였던 것이다. 그녀는 자신과 타인을 다스리는 법을 알고 있었다.

정명공주는 태어나서 잠시도 평온한 삶을 산 적이 없었다. 인목대비가 세상을 떠난 1632년부터 인조가 세상을 떠난 1649년까지 17년 동안 서궁 유폐 시절보다 더 마음을 졸이며 살아왔다.

서궁에 유폐되었을 때는 왕자가 아닌 공주인데다 나이도 어렸기 때문에 경계 대상은 아니었다. 하지만 인조가 죽기 전 17년 동안 정명공주는 인생의 절정기라고 할 수 있는 30대와 40대를 보내고 있었다.

정명공주는 서궁 유폐 시절 인목대비를 위로하려고 붓글씨에 열중했다. 하지만 인조가 죽기 전 17년 동안은 "문한(文翰, 문필에 관한 일)은 부인이 할 일이 못 된다."라며 붓글씨를 쓰지 않았다고 한다. 한문도 쓰지 않았다. 불가피하게 소식을 주고받을 일이 있을 때는 언문으로 썼다. 인조의 감시하에 있었기 때문에 마음이 편할 날이 없었던 것이다.

인조와의 10년간의 밀월이 인목대비의 죽음과 함께 막을 내리고, 정명공주는 17년 동안 악몽을 꾸어야 했다. 악몽은 인조가 죽고 나서야 지나갔다. 8년 연하의 인조가 죽은 후에도 정명공주는 36년을 더 살았다.

83세까지 장수한 정명공주는 인조 이후에도 효종, 현종, 숙종과 여생을 함께 했다. 7남 1녀를 두었고 자녀와 후손 들은 집안을 크게 일으켰다.

### 홍주원 집안, 세도 가문의 명성을 잇다

홍주원은 3년 연상의 정명공주와 혼인했다. 선조의 부마가 된 홍주원은 가문의 부를 일구었다. 인조반정 이후 홍주원의 가문은 정치적으로 성장했다. 홍주원은 조선 중기의 4대 문장가로 꼽히는 외조부 이정구와 인조반정의 공신인 김류에게 수학했다.

홍주원의 큰아들 홍만용은 숙종 때 예조 판서를, 홍만용의 손자 홍현보는 영조 때 예조 판서를 지냈다. 홍현보의 아들이 홍봉한과 홍인한이다. 영조 때 영의정을 지낸 홍봉한은 사도세자의 비이자 정조의 생모인 혜경궁 홍씨의 아버지이다.

사도세자의 죽음으로 말미암아 형 홍봉한은 영조의 실덕을 비판하는 시파로, 아우 홍인환은 세자의 실덕을 비판하는 벽파로 나뉘어 날카롭게 대립했다. 정조를 세손 때부터 보위한 홍국영은 홍주원의 둘째 아들인 홍만형의 5대손이다. 홍국영은 정조가 즉위하자 도승지와 숙위대장이 되어 세도 정치를 휘두르지만 4년도 채 못되어 내쳐졌다.

**홍봉한(1713~1778)** 정명공주와 홍주원의 5세손이다. 영조 때 탕평 정책을 지지해 임금의 총애를 받았다.

　풍산 홍씨의 대표적인 학자로는 홍양호와 홍만선을 꼽는다. 당대의 뛰어난 학자이자 문장가인 홍양호는 『영조실록』, 『국조보감』 등을 편찬하는 데 참여했다. 1764년(영조 40년)에는 일본에서 벚나무를 들여와 서울 우이동에 심기도 했다. 홍만선은 숙종 때 실학자로 많은 업적을 남겼는데, 그의 저서 『산림경제』는 실학 연구에 큰 영향을 주었다.

**남한산성 서문(경기 광주시)**
청군이 한양으로 밀고 내려오자 인조는 남한산성으로 피신했다. 청군이
남한산성을 포위한 상황에서 인조는 성안에 오래 머물 수 없었다. 인조
와 세자는 성안에 머문 지 45일 만에 남한산성 서문을 통해 청군 진영으
로 들어가 항복했다. 〈사진작가 서헌강 제공〉

# 알량한 자존심이
# 전란을 부르다

## 병자호란

### 명분만 앞세운 척화론, 후금을 자극하다

정묘호란 이후 후금과 형제 관계를 맺은 조선은 정기적으로 사신을 교환했고 후금의 요구에 따라 예물도 보냈다. 하지만 중강과 회령에 개시를 열어 후금 상인에게 숙식까지 제공하는 불평등 무역에 불과했다. 또한 후금은 식량 공급을 강요하고 병선을 요구해 왔으며, 압록강을 건너 민가에 침입해 약탈을 일삼았다. 후금의 만행이 날로 심해지자 조정에서는 '척화 배금(斥和排金, 후금에 대해 화의를 반대함)' 여론이 들끓었다.

후금은 후금대로 조선에 대해 불만이 많았다. 조선이 명에는 조공을 꼬박꼬박 바치고 사절단도 보냈지만 후금에는 약속했던 조공을 바치지 않았기 때문이다.

1636년(인조 14년) 2월 어느 날, 인조 비 한씨의 문상을 위해 후금의 사신 용골대가 조선에 사신으로 왔다. 이때 용골대는 "후금의 칸 홍타이지가 황제에 오르려 하는데 형제의 나라인 조선과 이를 의논하고자 한다." 라는 문서를 전했다. 하지만 조선 조정은 오랑캐의 나라가 황제를 칭하는 것은 도리에 어긋난다며 분노했다.

당시 후금은 만주 대부분을 차지하고 만리장성을 넘어 북경 부근까지 공격할 정도로 위세를 떨쳤다. 만주를 손에 넣은 후금은 조선에 정묘호란 때 맺은 '형제의 맹약'을 '군신의 의'로 바꿀 것을 강요했다. 게다가 황금 만 냥과 백금 만 냥, 전마 3,000필 등의 예물과 병사 3만 명을 요구했다. 종전보다 훨씬 무리한 요구였다.

조선 조정에서 척화 배금을 주장하는 신하들이 많아지자 인조도 후금 사신의 접견을 거절하고 국서를 받지 않았다. 우의정 이성구, 이조 판서 최명길 등은 후금을 대하는 데 좀 더 신중해야 한다고 주장했다. 하지만 홍익한, 윤집, 오달제를 비롯한 유생들은 "후금 사신의 목을 쳐야 한다." 라며 연일 시위를 벌였다.

심상치 않은 조선의 분위기를 눈치 챈 사신은 민가에 있던 말을 훔쳐 타고 달아났다. 사신은 도망치던 도중 조선 조정에서 평안도 관찰사에게 내린 공문을 빼앗아 본국으로 가져갔다. 공문에는 전쟁을 대비해 병사들의 군기를 다잡고 군비를 손질하라는 내용이 있었다. 이를 본 후금의 태종은 조선이 침략 준비를 하고 있다고 생각해 조선을 다시 공격하기로 마음먹었다.

1636년 4월 후금의 태종은 국호를 '청'으로 고치고 연호를 '숭덕'이라 칭해 황제 즉위식을 거행했다. 이는 명을 공격할 준비가 갖추어졌다는 사실을 대대적으로 공언하는 것이나 다름없었다. '황제'라는 칭호를 사용한다는 사실 자체가 그런 의미를 담고 있었다.

황제 즉위식에 참석한 조선 사신에게 청 태종은 "왕자를 볼모로 보내서 사죄하지 않으면 군사를 크게 일으켜 조선을 공격하겠다."라고 경고했다. 청의 요구는 척화 의지가 고조되고 있는 조선 조정에서 받아들여질 리 만무했다.

청이 계속해서 터무니없는 요구를 해 오자 조선에서는 정묘약조를 무시하고 청에 선전 포고를 하려는 움직임까지 일어났다. 조선 조정은 국제 정세에 어두운 것을 넘어서 소중화 의식에 사로잡힌 눈뜬장님이었다. 소중화 의식은 중국이 세계의 중심이라는 중화사상에 빗대어, 조선이 세계의 중심이라고 하며 민족의 우월성을 드러내는 의식이었다.

보다 못한 도원수 김시양과 부원수 정충신이 나서서 왕에게 상소를 올렸다.

"청과 국교를 끊는 것이 나라와 함께 죽겠다는 뜻이라면 신들이 감히 이의를 제기할 수 없을 것이옵니다. 국교를 끊는다고 저들이 두려워하지는 않을 것이니 이처럼 위험한 계책이 어디 있겠나이까?"

현장의 장수로서 현실을 정확히 내다본 상소였다. 구중궁궐에 앉아 있는 인조와 대신들이 승산 없는 싸움터에 직접 나선다면 전쟁도 불사하겠다는 말을 쉽게 하지 못했을 것이다.

인조는 무신이 조정을 지휘하려 들었다는 이유로 도원수와 부원수를 김자점과 윤숙으로 교체했다. 그런 후에 인조는 "오랑캐가 침략하면 과인이 앞에 나가 장수를 격려하고 군민을 위로하겠다."라며 결전의 의지를 다졌다.

하지만 결전의 의지만 다지면 무슨 소용인가. 인조는 적이 코앞에 닥치면 제일 먼저 도망갈 위인이 아니던가. 그러다 안 되면 적 앞에서 코라도 박을 위인이 아니던가. 공허한 구호는 인조의 전매특허였다.

1636년 9월 최명길은 "강물이 얼면 재앙이 눈앞에 닥칠 것"이라고 경고했다. 그러자 척화론자들은 "최명길의 목을 베야 한다."라고 주장했다. 하지만 최명길은 척화론자들의 명분론에 굽히지 않고 상소를 올렸다.

"청은 원래 다른 뜻이 없는데, 우리가 먼저 도리를 잃은 것이 많나이다. 우리가 신의를 지키지 않으면 오랑캐보다 못한 나라가 됩니다."

최명길의 목을 요구한 척화론자들은 자신들의 목줄과 같은 성리학이나 소중화론을 유지하는 것이 나라의 존립이나 백성의 안위보다 우선이었다. 그러다 칼이 목 끝에 오면 누구보다 먼저 무릎을 꿇었다.


### 정명공주, "재화를 버리고 백성을 먼저 배에 태우라"

청 태종은 1636년(인조 14년) 12월 1일 청군 약 7만 8,000명과 몽골군 약 3만 명, 한족 군사 약 2만 명 등 총 12만 8,000여 명의 연합군을 이끌고 몸소 조선 정벌에 나섰다. '병자호란'이 일어난 것이다. 이 와중에도 조선 조정은 전쟁 대비는 하지 않고 '척화냐 화친이냐'를 놓고 논쟁만 벌이고 있었다.

청 태종은 속도전을 펼쳤다. 선봉 마부태는 접전을 피하며 강화도로 가는 길을 막았고, 좌익군 다탁은 선봉을 따라간 후 한양의 남쪽을 차단했다. 우익군 다이곤은 벽동, 창성, 영변으로 진군해 강화도로 들어갔다.

용골산 봉수대에서 봉화 두 개가 피어올랐다. 적이 국경 근처에 출몰했다는 신호였다. 사리원 부근 정방산성에서 이를 본 김자점은 화를 냈다.

"겁먹은 놈들이 봉화를 피우는구나."

다음 날에도 봉화 두 개가 올라오자 부하 한 명을 의주로 보냈다.

의주에 다녀온 부하가 보고를 올렸다.

"압록강 주변에 청군이 새까맣게 모여 있습니다."

김자점은 버럭 소리를 질렀다.

**무악산 동봉수대(서울시 서대문구)** 봉수대에 봉화나 연기를 피워서 나라의 위급한 소식을 전했다. 한양에는 다섯 군데의 봉수대가 있었는데, 평안도와 황해도에서 오는 봉수가 전달되던 곳이 무악산 동봉수대다.

"압록강이 얼지도 않았는데 어찌 적이 내려온다고 입을 나불대느냐."

김자점은 부하의 목을 치려고까지 했다. 정방산성에서 한양까지 봉수대를 연결조차 하지 않았다.

12월 9일 청의 선봉 마부태는 좌익군을 이끄는 다탁의 명령에 따라 의주 부윤 임경업이 굳게 지키고 있던 백마산성을 피해 밤낮을 달려 남하했다. 13일 도원수 김자점은 그제야 적이 안주에 도달했다는 장계를 보냈다. 하지만 이미 정방산 일대까지 도달한 적은 교전을 피한 채 한양으로 내달았다.

적의 침략을 알리는 전령이 적의 뒤를 따라가는 기막힌 상황까지 벌어졌다. 문제는 의주를 지키던 임경업도, 황해도를 지키던 김자점도 청군의 뒤를 추격하지 않았다는 것이다.

황해도 황주 주변에서 반격하려고 계획을 세웠던 조정은 극도의 혼란에 휩싸였다. 12월 14일에는 청군이 개성을 통과했다는 급보가 날아들었다. 하루 만에 청군이 천 리를 내달았다는 것은 김자점이 늑장 보고를 하지 않고서는 어려운 일이었다. 청군이 그렇게 빨리 내려올 줄 예상치도 못한 조정은 당황한 나머지 14일 아침에 세자빈 강씨, 원손(왕세자의 맏아들), 인조의 둘째 아들 봉림대군, 셋째 아들 인평대군, 정명공주 등 왕실 사람들을 모두 강화도로 피신시켰다.

병자호란이 일어났을 때 35세였던 정명공주가 강화도로 피난 가서 고려산 적석사에 있었다는 기록이 강화군 군사편찬위원회가 출간한 『강화사』에 실려 있다.

정명공주가 강화도 갑곶나루로 건너가려 할 때 이미 공주의 금은보화를 실은 배가 기다리고 있었다. 그때 피난 온 백성들이 몰려와 서로 배를 타려고 아우성이었다.

정명공주가 아랫사람에게 명했다.

"재화들을 다 내리고 백성들을 먼저 배에 태우라!"

백성들은 앞다투어 배에 오르며 저마다 한마디씩 말했다.

"과연 정명공주로다. 공주의 마음 씀씀이가 저러하니 후손들은 반드시 번창할 것이다."

정명공주는 남편 홍주원 집안의 재력에다 인조의 시혜로 수많은 부동산과 재물을 모을 수 있었다. 그로 인해 주변으로부터 질시를 받기도 했다. 하지만 위급할 때는 재산보다 인명이 더 소중하다는 생각을 하고 있었다. 정명공주와 한배로 피난을 간 백성들이 축원한 대로 정명공주의 후손들은 저마다 역사의 한편을 장식할 정도로 번창했다.

정명공주의 모습은 임진왜란 때 아버지인 선조가 임진강을 건너면서 왜군이 뒤쫓아올까봐 피난민은 아랑곳하지 않은 채 나머지 배들을 모두 불태우고, 어둠을 밝히기 위해 화석정까지 불지른 것과는 대조적이다.

정명공주는 피난민을 구출한 '흥남철수'의 원조격에 해당한다 할 수 있다. 세계 전쟁사에서 가장 큰 규모로 이루어진 흥남 철수 작전에서 국군과 유엔군은 10만 5,000명의 병력과 1만 7,000대의 차량을 비롯한 주요 물자를 옮겼을 뿐 아니라 상당수 무기를 버리면서까지 9만 1,000명에 이르는 북한 피난민들도 구출했다. 당시 10군단장이었던 에드워드 아몬드 장군이 영화 「국제시장」의 배경인 흥남 철수 작전 당시 선박에 실려 있던 무기를 버리고 피란민들을 극적으로 탈출시켰다.

### 인조, 강화도 길이 막혀 남한산성에 들어가다

싸움 한 번 하지 않고 청군은 거센 파도처럼 한양으로 들이닥쳤다. 심양에서 출발한 청군이 압록강까지 진군하는 데 열흘 정도 걸렸는데, 압록강에서 한양까지 오는 데는 불과 닷새밖에 걸리지 않았다. 어처구니없는 결과가 임진왜란과 정묘호란을 치른 나라에서 어떻게 또다시 되풀이될 수 있는지 의문이다. 진짜 문제는 지금부터다.

**남한산성 행궁(경기 광주시)** 1626년(인조 4년)에 완공된 남한산성 행궁은 병자호란 당시 임시 궁궐로 사용되었다. 〈경기문화재단 제공〉

인조는 한양을 빠져나와 강화도로 향했다. 그때 적군의 동태를 살피던 군졸이 달려와 "청군이 벌써 양철평(지금의 불광동 부근)을 통과했고, 강화도로 가는 길을 막고 있다."라고 보고했다.

인조는 다시 성안으로 들어와 사후 대책을 논의했다. 열띤 논의 끝에 최명길이 청군의 진격을 지연시키는 동안 인조 일행은 남한산성으로 가기로 했다. 최명길은 홍제원의 청군 진영으로 들어가 청군에게 술과 고기를 먹이며 출병의 이유를 물으며 시간을 끌었다. 그사이에 인조는 세자와 백관을 대동하고 남한산성으로 들어갔다.

인조 일행이 남한산성으로 들어간 후, 영의정 김류는 "남한산성이 천혜의 요새이기는 하나 지리적으로 고립될 수 있으므로 밤에 어둠을 틈타

**남한산성 수어장대(경기 광주시)** 1624년(인조 2년) 남한산성을 축조할 때 지은 4개의 수어장대 가운데 유일하게 남아 있는 건물이다. 남한산성 수어청의 장관들이 군사를 지휘하던 곳이다.

강화도로 옮겨 가야 한다."라고 주장했다. 이에 동의한 인조는 12월 15일 새벽 강화도로 떠나려 했다. 눈이 내린 뒤라 산길이 미끄러워 왕은 말에서 내려 걸어갔다. 하지만 길이 너무 미끄러워 강화도 행을 포기하고 다시 산성으로 돌아왔다.

인조가 남한산성에 머무르자 한양 주변의 관리들이 각각 수백 명의 군사를 이끌고 남한산성으로 집결했다. 성안에 병사는 어느새 약 1만 3,000명에 이르렀다. 사실은 대부분 훈련을 제대로 받지 못한 노비들이었다. 성안에는 양곡 1만 4,300여 석, 잡곡 3,700여 석, 장 220여 항아리가 있었는데, 겨우 50일 정도 견딜 수 있는 식량에 불과했다.

12월 16일 청군의 선봉 부대가 이미 남한산성에 도달했고, 담태의 군사도 아무런 저항을 받지 않고 한양에 입성해 그길로 한강을 건너 남한산성을 포위했다. 하지만 이렇다 할 큰 싸움은 없었다. 그사이 12월의 혹한과 기아가 성안 사람들을 괴롭혔다.

한양의 방어를 맡았던 유도대장 심기원은 최선을 다해 싸웠지만 청군의 매복에 걸려 심기원의 군대는 전멸하고 말았다. 황주의 정방산성에 은거해 있던 도원수 김자점도 청군을 기습했으나 적의 반격으로 대패했다.

### 최명길과 김상헌의 서로 다른 애국의 길

큰 싸움 없이 40여 일이 지났다. 성안의 식량은 고갈되고 군사들은 지쳐 싸울 의욕을 잃었다. 각 도에서 몰려온 구원병들은 남한산성에 접근하기도 전에 무너져 결국 산성은 그야말로 아비규환이었다.

어찌할 수 없는 상황이 되자 남한산성에서는 다시 척화파와 주화파가 팽팽하게 맞섰다.

척화파의 대표인 김상헌은 주화파의 대표인 최명길을 헐뜯었다.

"오랑캐에 빌붙어 목숨만 건지려는 간신이 아닌가."

최명길은 맞받아서 김상헌을 비난했다.

"현실을 무시하고 명분만 좇다가 나라를 망치는 사람이로군."

척화파는 주화파와 여러 차례 논쟁을 벌였지만, 척화파도 난국을 타개할 뾰족한 수는 없었다. 예조 판서 김상헌, 이조 참판 정온 등의 반대에도 불구하고 대세는 주화파 쪽으로 기울었다.

1637년 1월 3일 최명길이 좌의정 홍서봉, 호조 판서 김신국 등을 청군 진영에 보내 화의를 청했다. 하지만 청 태종은 "조선 국왕이 친히 성안에서 나와 항복하고 척화 주모자를 결박해 보내라."라는 내용의 답서를 보냈다. 남한산성에서는 사리에 맞지 않다 하여 청의 제의를 받아들이지 않았다. 또다시 성안의 조정은 주전론자와 주화론자로 나뉘었다.

척화파인 김상헌은 인조에게 척화와 항전을 주장했다.

"반드시 싸워 본 후에 화친해야 한다. 만약 비굴하게 강화해 주기만을 요청한다면, 강화 역시 우리 뜻대로 이룰 수 없다."

반면, 최명길은 강화를 청하는 국서를 지었다. 이에 김상헌이 국서를 찢고 대성통곡하니 그 울음소리가 임금의 거처까지 들렸다고 한다.

김상헌은 최명길을 꾸짖었다.

"그대의 아버지는 명성이 자자했는데, 공은 어찌 이런 일을 할 수 있는가."

최명길은 빙그레 웃으며 답했다.

"어찌 대감을 옳지 않다고 하겠소. 하지만 현실을 고려하면 부득이한 일이오. 조정에 이 문서를 찢어 버리는 사람이 반드시 있어야 하겠지만, 나와 같은 자도 없어서는 안 됩니다."

최명길은 말이 끝나자마자 청에 보내는 답서를 다시 주워 모았다.

말 그대로 최명길은 나라를 내준 사람일까? 최명길은 "만고의 죄인이 될지라도 임금을 망할 땅에 둘 수는 없다."라는 논리를 내세우며 강화의 의지를 분명히 했다. 청군에 대항해 봐야 나라가 망할 것이 뻔하니, 허리를 굽히더라도 나라만은 지켜야 한다고 본 것이다.

1640년(인조 18년) 11월 청은 "김상헌이 남한산성에서 왕을 따르지 않고 시골로 내려가 소장을 함부로 올리게 했다."라며 김상헌을 명과 통교한 주모자로 몰아 심양으로 압송했다. 김상헌은 청으로 끌려가면서 "가노라 삼각산아"로 시작하는 유명한 시를 남겼다고 한다.

가노라 삼각산아 다시 보자 한강수야
고국산천을 떠나고자 하랴마는
시절이 하 수상하니 올동말동 하여라

청과의 강화 후 최명길은 명에 "조선이 청과 강화한 것은 종묘사직을 보존하기 위한 것일 뿐"이라는 내용의 외교 문서를 전달했다. 이 일로 최명길도 1642년 명과 내통했다는 죄목으로 청에 소환되었다. 용골대의 심문을 받은 최명길은 "왕은 모르는 일이고 전적으로 자신이 꾸민 일"이라 우겼다.

이듬해 4월 최명길은 김상헌이 갇혀 있는 감옥으로 이감되었다. 감옥에서 김상헌을 만난 최명길은 평소 김상헌을 명예나 좇는 자라고 생각했는데, 눈앞에 죽음을 두고도 흔들리지 않는 모습을 보고 깊이 감동했다. 김상헌도 최명길을 청과의 화친만을 주장한 인물로 보았는데, 죽음을 무릅쓰고 자신의 뜻을 지키는 것을 보고 최명길의 진심을 이해하게 되었다. 두 사람은 감옥에서 서로 시를 지으며 깊은 우정을 나누었다.

김상헌이 시를 지었다.

"양대의 우정을 찾고, 100년의 의심을 푼다."

최명길이 이를 받아 답했다.

"그대 마음 돌과 같아 끝내 돌리기 어렵고, 나의 도는 둥근 꼬리 같아 경우에 따라 돈다네."

이렇게 두 사람은 서로의 응어리진 마음을 풀었다.

1644년 2월 김상헌은 소현세자와 함께 귀국했고, 1652년(효종 3년) 향년 82세의 나이에 세상을 떠났다. 이후 김상헌의 후손은 순조의 장인 김조순, 철종의 장인 김문근 등 안동 김씨 세도 가문을 이루었다. 송시열은 "하늘이 이미 선생 같은 분을 내었는데, 사람이 도리어 선생 같은 분을 숨겨 두려 한다면 그것이 가능한 일이겠는가."라며 김상헌을 기렸다.

최명길은 1645년(인조 23년) 3월 청에서 풀려나 한양으로 돌아왔다. 전쟁이 끝난 후 인조는 최명길을 우의정으로, 후에 다시 영의정으로 기용했다. 최명길은 62세를 일기로 눈을 감았다.

훗날 서포 김만중은 최명길을 "맡은 바 직분을 다한 자"라고 평했으나 대의명분만 좇던 사대부 대다수는 "대의명분을 저버린 비루한 자"라고 혹독하게 평가했다.

명분론자들이 직접 죽음의 전장에 들어가 싸우게 된다면 과연 명분론을 끝까지 내세웠을까. 인조가 직접 죽음의 전장 속에 뛰어들어야 했다면 배금 정책을 강하게 밀어붙였을까. 성리학에 따른 숭명배금(崇明排金) 정책이 그렇게 소중한 것이었다면 인조가 삼전도에서 '삼배구고두례(三拜九敲頭禮)'는 왜 했는가.

최명길이 '대의명분을 저버린 자'로 조선 후기 내내 비판받았지만 그의 판단에 귀를 기울일 수밖에 없다.

## 수전에서도 청군에 밀리다

조선군은 청의 주력군이 남한산성 주위를 포위하고 있으므로 강화도에 직접 침공할 가능성은 낮다고 판단했다. 게다가 청군은 수전(水戰)에 약하므로 쉽게 강을 건너오지 못할 것으로 보고 광성진 일대에만 소수의 수군을 집결해 놓았다.

청군의 대다수인 여진족은 수전에 능하지 않았으나, 청에 항복한 명의 병사 중에는 수전에 익숙한 병사가 상당수 있었다. 또한 청군은 장거리

포인 홍이포도 갖추고 있었다. 이들은 주위에 있던 선박들을 끌어 모으고, 민가를 헐어 다시 배나 뗏목을 만들었다.

청군의 도하 작전 첩보를 접한 강화 유수 장신은 광성진 부근에 병력을 배치했다. 또 충청 수사 강진흔이 이끄는 충청 수군을 연미정 일대에 포진시켰고, 강화 해안에는 3,000여 병력을 집결시켰다.

1637년 1월 22일 밤이 되자 청군이 나루터에서 홍이포를 쏘아 댔다. 포탄이 물을 건너 육지 위에 떨어졌다. 포격 후 청군은 본격적인 상륙 작전을 전개했다. 갑곶 부근의 충청 수군이 출동해 청군 선박 10여 척을 격침하는 등 열심히 싸웠으나 많은 수를 대적하지 못해 수세에 몰리게 되었다. 이때 광성진에 있던 강화 수군이 합세해 전투는 혼전 양상을 띠었다. 하지만 강화 수군을 이끌던 장신은 청군의 기세에 눌려 광성진으로 후퇴하고 말았다. 고립된 채 힘써 싸우던 충청 수군은 궤멸했고, 강화도는 위기에 빠지게 되었다.

**홍이포** 명이 네덜란드의 대포를 모방해 만든 대포다. 병자호란 때 청군이 사용하면서 우리나라에 들어왔다.

**갑곶(인천시 강화군)** 강화도 북부 강화해협 서안에 위치한 갑곶돈대는 강화의 관문이자 고려 시대부터 강화 해협을 지키는 중요한 요새였다.

청군은 복병을 의심해 배를 출발시키지 않고 척후병 일곱 명을 보냈다. 적병 일곱 명은 주위에 복병이 보이지 않자 흰 깃발을 흔들어 청군을 불렀다. 일시에 대군이 밀어닥쳤다. 해안에 남아 있던 소수의 조선군은 청군의 공격을 받아 전멸당했다.

성의 수비를 맡던 김경징과 이민구는 도망갔고, 성안에는 빈궁과 왕자, 왕실 가족, 대신들만 남게 되었다.

갑곶 일대의 해안을 장악한 청군은 오전 10시경 강화성에 도착했다. 강화성에서는 원임 대신 김상용이 해안에 3,000여 명의 병사로 전투태세를 갖추었다. 청군은 먼저 홍이포로 집중 사격을 한 후 운제(雲梯, 성을 공격할 때 썼던 높은 사다리)와 당차 등을 동원해 성을 공격했다. 조선군도 총포와 화살로 대항했다. 하지만 청군의 집중 포격에 성벽이 무너지고 문루가 파손되었다. 북문 방어망이 붕괴되고 이어서 동문, 서문, 남문의 수비도 무너지자 청군은 일제히 성안으로 들이닥쳤다.

강화도를 함락한 청군은 성안에 들어와 숙의와 빈궁, 봉림대군과 인평대군 및 대군의 부인을 협박해 나오게 하고, 군사를 풀어 살육과 약탈을 자행했다. 봉림대군으로부터 항복을 받아 낸 후에야 청군은 약탈과 살육 행위를 중지했다. 청군은 비빈, 봉림대군, 인평대군, 정명공주를 비롯한 종실, 대신과 그 가족들을 포로로 잡고 청 태종이 있는 본진에 합류했다.

### 명분만 내세운 인조, 삼전도에서 굴욕을 삼키다

강화도 함락 사실이 확인되자 인조는 성 밖으로 나가 항복하기로 마음 먹었다. 조선 측에서는 홍서봉, 최명길, 김신국 등이 적진을 왕래하며 항복의 조건을 제시했다. 청군 진영에서는 용골대, 마부태 등이 남한산성으로 들어와 11가지 조항의 조약에 합의했다.

주요 내용은 다음과 같다.

청에 대해 신하의 예를 갖출 것
명과의 우호 관계를 끊을 것
조선 왕의 장자와 차자, 대신의 아들을 청에 볼모로 보낼 것
청에 물자 및 군사를 지원할 것
청에 기묘년(1639년)부터 예물을 보낼 것

1637년 1월 30일 인조는 45일에 걸친 농성을 끝내고 세자와 함께 항복의례를 거행하기 위해 남한산성의 서문으로 나왔다. 인조는 죄인으로 취급되어 성의 정문인 남문으로는 나올 수 없었다.

　곤룡포 대신 남색 평민복을 입은 인조는 세자를 비롯한 대신들과 함께 청 태종의 수항단(受降檀, 항복 의식을 행하는 단)이 마련되어 있는 잠실나루 부근의 삼전도에 도착했다. 인조는 어가에서 내려 2만 명의 적병 사이를 걸어 청 태종 앞에 나아갔고, 청 태종을 향해 삼배구고두례(三拜九敲頭禮)를 시행했다.

　삼배구고두례는 '세 번 절하는데, 한 번 절할 때마다 세 번 머리를 땅바닥에 부딪치는 것'을 말한다. 모두 아홉 번에 걸쳐 머리를 조아리는 셈이 된다. 다만, 구고두례를 할 때 반드시 머리가 땅에 부딪치는 소리가 크게 나야 했다. 청 태종은 머리 부딪치는 소리가 들리지 않는다고 해 사실상 인조는 수십 번 머리를 땅에 부딪쳤고, 인조의 이마는 피투성이가 되었다.

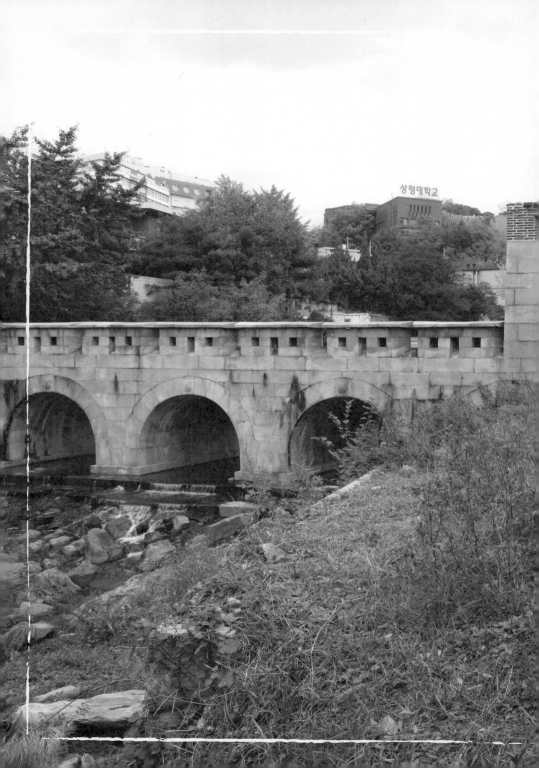

**홍지문과 탕춘대성**(서울시 종로구)

'삼전도의 굴욕' 이후에도 조선의 굴욕은 계속 이어졌다. 병자호란 때 청
으로 끌려갔다 돌아온 여인들은 '환향녀'란 이름으로 낙인 찍혀 환영받
지 못했다. 이에 조선 조정은 전국에 회절강을 지정해 몸을 씻도록 하고
여인들의 정절을 회복시켜 주었다. 홍지문 옆의 홍제천도 회절강으로
지정되었다.

# 준비하지 못한 자들의
# 비애

**병자호란 그 이후**

### 명분을 내세우다 명분도 실리도 모두 잃다

청은 조선의 왕자를 비롯한 강화도의 포로를 일부 돌려보낸 다음, 세자, 빈궁, 봉림대군(효종)을 볼모로 삼았다. 또 3학사로 불리는 홍익한, 윤집, 오달제를 중국 심양으로 끌고 갔다. 이들은 모진 고문과 회유에도 척화의 뜻을 굽히지 않아 참형에 처해졌다. 청이 위험인물로 지목한 김상헌은 1641년 심양으로 끌려가 4년여 동안 청에 묶여 있었다.

병자호란은 한 달 남짓 짧은 기간에 벌어진 전쟁이었지만, 전쟁의 피해는 임진왜란에 버금갔다. 조선과 청의 군신 관계는 1895년 청·일 전쟁에서 청이 일본에 패할 때까지 계속되었다.

청은 인조가 치욕적인 항복의 예를 치렀던 삼전도에 청의 승전을 기념하는 비를 세우게 했다. 가문의 수치가 될 것을 우려한 대신들은 비문의 초안 잡기를 꺼렸다고 한다. 결국 인조의 명을 받은 이경석이 비문을 지었고, 이경석의 글과 만주어·몽골어로 각각 번역한 글이 거대한 비석에 새겨졌다.

삼전도비는 "1636년 12월 청 태종이 대군을 이끌고 조선을 침공했을 때 남한산성에서의 항전도 보람 없이 인조가 삼전도에 나아가 항복하는 욕을 당해 백성이 생선이나 짐승의 고기처럼 결딴이 나는 사태를 면했다."라는 내용을 담아 세운 대청황제공덕비다. 우리 민족으로서는 치욕의 기록이다.

인조반정 이후 조선은 명에 대한 사대주의를 내세워 청을 적대했다. 이로 말미암아 두 차례에 걸쳐 호란이 일어났고, 그 결과 왕이 청 태종에게

**삼전도비(서울시 송파구)** 청군이 인조가 삼전도에 나아가 항복했다는 내용을 담아 세운 대청황제공덕비다.

무릎 꿇고 군신 관계를 맺는 지경에 이르렀다. '삼전도의 굴욕'에도 청에 대한 조선의 적대적인 태도는 크게 변하지 않았다. 청의 일방적인 강압에 못 이겨 인조는 여러 차례 원군을 파병했지만, 조선군이 전투에 임하는 자세는 지극히 소극적이었다.

조선은 이 과정에서 실리 외교를 헌신짝처럼 버렸다. 서인과 인조가 알량한 대명 사대주의를 신줏단지처럼 받드는 바람에 죽어난 쪽은 죄 없는 백성이었다.

변화하는 국제 정세를 이용해 국운 상승을 위한 실리적인 노력을 할 수는 없었을까? 중립 정책에 입각한 실리 외교를 잘했다면, 정묘호란과 병자호란은 일어나지 않았을지도 모른다. 알량한 명분이 결국 조선을 참혹한 전쟁으로 몰고 간 것이다. 인조에게는 공허한 구호만 있었지 국제 감각은 애당초 없었다.

### 나라가 지켜 주지 못한 환향녀, 나라가 내치다

병자호란 이후 처리해야 할 심각한 과제 중 하나는 청군에 강제 납치된 약 50만 명의 조선 여인을 속환하는 문제였다. 양 난 당시 청군은 포로의 몸값을 많이 받을 수 있는 종실과 양반의 부녀자를 되도록 많이 잡아가려 했다. 하지만 잡혀간 사람 대다수는 몸값을 치를 수 없는 가난한 사람들이었다.

임진왜란과 병자호란 이후 청으로 끌려갔다 돌아온 여인을 '환향녀'라고 부른다. 정조를 잃은 대다수 환향녀는 바로 귀향하지 못하고 청의 사신들이 묵던 홍제원이 있는 서대문 밖에 머물렀다. 그러자 조정에서는 환향녀들에게 냇물에 몸을 씻도록 하고, 그들의 정절을 회복시켜 주었다. 그 냇가를 환향녀를 널리 구제했다는 뜻으로 '홍제천'이라고 부르게 되었다. 그 후 몸을 씻는 회절강(回節江)을 전국에 지정했다고 한다.

하지만 가족과 친지들은 환향녀들을 받아들이기를 꺼렸다. 게다가 순절하지 못하고 살아서 돌아온 것은 조상에게 죄를 짓는 것이라는 이유로 이혼이 빈번해 사회 문제가 되기도 했다. 인조는 환향녀 남편들의 이혼 요구를 받아들이지 않았지만, 따로 첩을 두는 것은 허용했다. 결국 의지할 곳이 없어진 환향녀들은 다시 청으로 가거나 창부가 되어 연명했다고 한다.

수많은 조선 여인네가 환향녀가 된 것은 그녀들을 제대로 지켜 주지 못한 국가의 책임이라 할 수 있다. 그런데도 조선 사회는 나라가 지켜 주지 못한 이 여인네들을 또다시 내치고 말았다. 유교적 가족 질서에 매인 양반들이 국가의 명을 따르지 않고 환향녀를 가문에서 쫓아냈던 것이다. 양반들은 그렇게 해야만 자신의 가문이 살아남을 수 있다고 생각했다.

## 백성의 고통을 더한 인조의 영정법

임진왜란과 병자호란으로 농촌 사회는 심각하게 파괴되었다. 양 난 이후 조선 사회의 가장 큰 어려움은 농경지의 황폐와 전세 제도의 문란이었다. 임진왜란 직전에 전국의 토지 결수는 약 150만 결이었는데, 임진왜란 이후에는 약 30만 결로 크게 줄었다.

인구는 줄고 농경지도 황폐해졌으며, 기아와 질병까지 널리 퍼져 농민들의 삶은 매우 힘들었다. 조선 정부는 이러한 농촌 현실에 적극적으로 대처하지 못했다. 농민들의 불만은 나날이 커졌다. 농민들은 땅과 집을 잃고 도적이 되어 사회를 불안하게 했다.

이에 조선 정부는 수취 체제를 개편해 농촌 사회를 안정시키고 재정 기반을 확보하고자 했다. 개간을 장려하면서 경작지 확충에 힘썼고, 은결(隱結, 토지 대장에서 빠진 토지)을 찾아내 경작지에는 빠짐없이 전세를 부과하고자 했다. 이러한 노력의 결과 광해군 때는 토지가 50만 결로 늘었고, 정조 때는 145만 결로 대폭 증가했다.

조세에는 크게 전세, 역, 공납이 있다. 대표적인 전세법 개혁은 세종 때 이루어졌다. 세종은 풍흉의 정도에 따라 9등법으로 나누어 조세 액수를 1결당 최고 20두에서 최하 4두로 정했다. 하지만 이 연분9등법은 시간이 지나면서 유명무실해지고 말았다. 16세기에 들어와서는 거의 최저율의 세액이 적용되었다.

1635년(인조 13년) 조정에서는 농민들의 고통을 줄이기 위해 '영정법(永定法)'을 시행했다. 영정법은 '영원히 정한 법'이라는 뜻이다. 조정은 영정법에 따라 풍흉에 상관없이 전세를 토지 1결당 미곡 4두로 고정했다.

하지만 임진왜란 이후에는 농민 대부분이 소작농이었고 양반들이 대토지를 소유하고 있었다. 따라서 영정법은 백성을 위한 정책이라기보다 궁극적으로는 양반을 위한 정책이었다.

영정법 덕분에 전세의 비율이 낮아지기는 했지만 대다수 농민에게는 크게 도움이 되지 않았다. 전세를 낼 때 여러 명목의 수수료와 운송비 등이 함께 부과되었기 때문이다. 이러한 부가 비용이 전세보다 몇 배나 많을 때도 있었다. 서인 세력이 병자호란을 일으켜 백성을 사지로 내몬 것도 모자라 백성으로부터 고혈을 짜낸 것이다.

한편, 조선 시대에 대표적인 공납 정책으로는 '대동법'이 있다. 인조 즉위년인 1623년에는 대동법을 확대 시행했다. 조익의 건의로 경기도는 물론 강원도, 충청도, 전라도 지역에도 시행되었다. 하지만 지주와 방납하는 자들의 집요한 방해로 1625년 충청도와 전라도의 대동법을 폐지했다.

1608년 광해군이 경기도에 시험적으로 대동법을 시행한 지 100년이 지난 1708년 숙종 때 가서야 허적의 건의에 따라 평안도, 함경도, 제주도를 제외한 전국에 대동법이 시행되었다.

### 청에 볼모로 간 소현세자, 서양 문물에 눈뜨다

인조가 청 태종에게 항복하고 9일이 지난 후 소현세자는 부인과 동생인 봉림대군 부부와 함께 인질이 되어 청으로 끌려갔다. 청에 간 소현세자는 조선이 믿어 왔던 명이 맥없이 무너지는 것을 보았다. 오히려 조선이 오랑캐라고 멸시하던 청은 수준 높은 문화를 갖춘 강대국이었다. 소현세자는 조선이 목숨처럼 지키려 했던 친명 배금 사상이 헌신짝이나 다름없다는 사실을 깨달았다.

**아담 샬**(1591~1666)  독일 쾰른 출신의 선교사
다. 청에 볼모로 가 있던 소현세자에게 천주교 교리
와 서양 문물을 전해 주었다.

**마테오 리치**(1552~1610)  명 말기에 활약한 이탈리아
출신 선교사다. 그의 저서 『천주실의』는 우리나라의 천주
교 성립에 큰 영향을 미쳤다.

　청의 다이곤은 투항한 명의 오삼계와 함께 북경으로 진군하면서 소현
세자를 대동했다. 명이 멸망하는 모습을 보여 주기 위해서였다. 1644년
(인조 22년) 4월 산하이관을 떠난 청군은 한 달 만에 북경에 입성했다. 농
민 반란군을 이끌었던 이자성은 도주해 버렸다. 소현세자는 일단 심양으
로 돌아갔다가 1644년 9월 북경에 와서 70여 일 동안 머물렀다.

　북경에서 소현세자는 아담 샬이라는 독일인 신부를 알게 되었다. 아담
샬은 당시 중국에서 외국인으로서는 가장 고위직에 오른 인물이었다. 아
담 샬은 이탈리아인 선교사 마테오 리치의 뒤를 이어 1622년 중국으로

건너갔다. 아담 샬은 천문과 역법에 밝았다.

아담 샬은 가톨릭 포교 활동에 힘쓰며 세 차례 월식을 예보해 명성을 얻었다. 중국 명 때 역서와 대포를 제작하는 일을 맡았고, 청이 들어선 후에는 흠천감(欽天監, 중국 명 · 청 때 천문, 역법, 시각 측정 등에 관한 일을 맡아 보던 관청)의 책임자가 되어 서양의 역법인 시헌력(時憲曆)을 만들었다. 시헌력이란 태음력에 태양력의 원리를 부합시켜 24절기의 시각과 하루의 시각을 정확하게 계산해 만든 역법이다.

소현세자는 북경 남문 안에 마테오 리치가 세웠던 남천주당에서 아담 샬과 많은 이야기를 나누었다. 아담 샬은 소현세자에게 천주교와 서양 과학을 소개해 주고, 서양의 천문학 서적과 지구의, 천주상(天主像) 등을 선물로 주었다. 소현세자는 아담 샬과 함께하며 서양의 과학 문명에 눈 뜰 수 있었다.

소현세자는 난생처음 서양 문물을 접하고 큰 충격을 받았다. 소현세자는 곧 서양 역법에 심취했다. 태음력에 기반을 둔 동양 역법과 태양력의 원리를 적용한 시헌력에는 큰 차이가 있다는 것을 깨닫고, 초보적인 조선의 천문학을 발전시켜야 한다는 생각을 품게 되었다.

한편, 봉림대군 역시 청에서 서양 문물을 접했지만, 소현세자만큼 관심을 기울이지는 않았다. 오히려 청 관리로부터 볼모라고 멸시를 당하면서 반청 사상을 강하게 품게 되었다. 봉림대군은 청의 내부 사정을 파악해 조선에 몰래 전해 주었다. 대명 전쟁에 직접 참여해 명이 멸망하는 과정을 지켜보기도 했다.

## 소현세자가 정명공주의 처세훈대로 행동했다면

1640년(인조 18년) 소현세자는 볼모 생활 3년 만에 잠시 조선에 다녀올 것을 허락받았다. 인조가 소현세자를 의심하고 있어, 세자를 위한 공식 환영 행사는 없었지만, 백성은 타국에서 고생한 세자를 눈물로 맞아 주었다.

1644년 2월 소현세자가 장인 강석기의 사망으로 조선에 잠시 들렀을 때도 인조는 냉담했다. 인조는 세자가 청의 도움으로 조선 국왕의 자리를 빼앗으리라 의심했다.

1645년 2월 소현세자는 청에서 인질 생활을 한 지 8년 만에 영구 귀국했다. 그때 소현세자의 나이는 34세였다. 소현세자는 청에서 가져온 천문학 서적과 지구의 등을 인조에게 보여 주었다. 하지만 이를 본 인조는 화를 내며 벼루로 세자를 내리쳤다고 한다.

인조의 냉담한 태도는 소현세자가 죽을 때까지도 바뀌지 않았다. 소현세자가 갑자기 병을 앓게 되었을 때 일이다. 의관은 소현세자가 학질에 걸렸다고 진단하고 침을 놓았지만, 결국 소현세자는 사흘 만에 세상을 떠나고 말았다. 당시만 해도 학질은 충분히 치료가 가능한 병이었다. 『인조실록』에는 그때의 상황이 다음과 같이 기록되어 있다.

환국한 지 얼마 안 돼 병을 얻은 소현세자는 며칠 만에 죽었다. 세자의 온몸이 검은빛을 띠었고, 이목구비의 일곱 구멍에서 선혈이 흘러나와 얼굴의 반을 덮고 있었다. 곁에 있는 사람도 얼굴색을 분별할 수 없어 마치 약물에 중독된 사람 같왔다. 이 사실을 아는 사람은 아무도 없었다. 심지어 왕조차도 몰랐다.

대사헌 김광현이 침을 잘못 놓은 의관을 처벌해야 한다고 여러 번 간청했다. 하지만 인조는 소현세자의 의문사를 조사할 생각조차 하지 않았다. 오히려 "그런 일은 다반사이므로 굳이 처벌할 필요가 없다."라며 화를 냈을 뿐이다. 장례마저 세자의 지위에 맞지 않게 간소하게 치르고 끝냈다.

소현세자가 의문의 죽음을 맞자, 1645년 5월 심양에 남아 있던 봉림대군이 급히 조선으로 돌아왔다. 인조는 소현세자가 죽은 지 3개월 후 대신들을 불러 자신은 병이 깊으니 새로운 세자를 책봉하겠다는 의사를 내비쳤다.

대신들은 세자가 죽으면 세손에게 왕위를 전하는 법도에 따라 소현세자의 맏아들 석철이 왕위를 이어야 한다고 주장했다. 하지만 인조는 세손이 열 살밖에 되지 않아 곤란하다며 봉림대군을 세자로 삼아 버렸다.

죽음의 그림자는 강빈에게도 다가왔다. 인조는 강씨 집안사람들이 불만을 품을 것을 우려해 세자빈 강빈의 형제 네 명을 귀양 보냈다. 1646년 1월 3일 인조에게 올린 전복구이 안에서 독약이 발견되었다. 인조는 강빈을 주모자로 지목했다. 사건의 진상이 밝혀지지는 않았는데도, 인조는 강빈이 독을 넣었다고 고집을 부렸다. 전복구이 사건은 강빈을 죽이려는 모함이었다.

한 달 후 인조는 김류, 최명길, 김육, 김자점 등을 불러 "강빈은 평소 무

**창경궁 함인정(서울시 종로구)** 청에서 귀국한 소현세자는 환경전에서 병을 잃다 세상을 떠났다.

례한 여자인데 무슨 짓인들 못 하겠느냐."라며 처벌할 뜻을 비쳤다. 대신들은 어찌할 바를 몰라 했다. 김자점은 인조의 주장에 호응했다. 결국 세자빈 강씨는 시아버지인 인조의 수라상에 독을 넣었다는 죄목으로 사약을 받게 되었다.

광해군을 인조반정으로 몰아낸 서인은 소현세자를 몹시 못마땅하게 생각하고 있었다. 친명 배금 정책을 주도한 서인에게 청에 오래 있었던 소현세자는 껄끄러운 존재였다. 인조도 청 태종이 자신을 퇴위시키고 소현세자를 즉위시키는 것 아닌가 하는 의심을 품고 있었다.

소현세자는 심양에서 청 왕실은 물론 청의 실력자들과 교분을 맺었다. 이곳에서 소현세자는 일정한 정치적 역할을 부여받아 왕의 권한을 미리 행사하기도 했다. 이 소식을 전해 들은 인조는 두려움을 느꼈다.

결국 대명 사대주의에 젖은 인조는 실리 외교를 내세우는 소현세자가 아니라, 반청 감정을 가진 봉림대군을 세자로 택했다. 인조는 명에 대한 사대주의로 수많은 백성을 전쟁과 굶주림 속으로 몰아넣었을 뿐만 아니라 자기 아들, 손자, 며느리까지도 죽음에 이르게 했다.


서양 문물에 눈뜬 소현세자가 왕위를 이어받아 일본에 앞서 서양 문물을 도입했다면 어땠을까. 조선의 근대화가 100년은 더 빨라지지 않았을까? 그랬다면 구한말에 외세에 휘둘려 나라를 빼앗기는 일도 없었을지 모른다.

소현세자는 당시 시대가 필요로 했던 조건을 두루 갖추었던 인물이다. 하지만 현실적인 정치 감각이 있었는지는 또 다른 문제다. 가령 소현세자가 청에서 가져온 천문학 서적과 지구의 등을 인조에게 보여 준 것은 이해하기 힘들다. 인조가 청으로 말미암아 어떤 고난을 겪었는지 알고 있는 소현세자가 청에서 가져온 물건을 내보인 것은 성급한 행동이었다.

우리는 소신 있는 사람이 소신을 굽히지 않는 모습을 주변에서 종종 보게 된다. 대체로 그 사람은 소신을 펴지 못하게 된다. 왜 그런지는 자명하다. 확고한 소신은 누군가에 의해 꺾이게 마련이다. 주변과 조화를 이루며 함께 변해 가거나 결정적인 기회를 포착해 소신을 펴야 제 뜻을 이룰 수 있다.

정명공주가 소현세자의 입장에 있었다면 어떻게 행동했을까. 아마도 자신의 속을 감추고 혼자 꿈을 키웠을 것이다. 꿈은 자신의 자리를 굳건히 지키고 있을 때 이루어진다. 정명공주는 상대의 치명적인 약점이나 상대가 싫어하는 점을 거론하는 것을 금기로 여겼다. 소현세자가 정명공주의 조언을 들을 수 있었다면 자연스럽게 인조에 이어 왕위에 올랐을지도 모른다.

소현세자는 자기 생각을 드러내서 인조를 분노하게 했다. 섣불리 움직이면 표적이 된다. 뜻을 같이하는 사람과 함께하고 있을 때 움직여야 한다. 그때조차도 자신을 노출하면 안 된다. 언제 동지가 적이 될지 모르기 때문이다. 권력의 세계에서는 아버지조차도 믿을 수 없다. 소현세자는 결국 인조의 표적이 되어 이 세상과 결별하게 되었다.

**목단강과 송화강의 합류 지점**
영고탑으로부터 목단강을 따라 내려오던 조 · 청 연합군과 흑룡강에서부터 상류로 거슬러 올라오던 러시아군은 두 강이 합류하는 지점에서 마주쳤다. 유유히 흐르던 강은 격렬한 총격전이 벌어지는 전쟁터로 바뀌었다. 〈서강대 계승범 교수 제공〉

# 청을 치려다
# 청을 돕다

## 효종의 북벌 정책

**볼모의 한을 품은 효종, 북벌의 꿈을 키우다**

봉림대군(효종)은 8년간 청에 머무르면서 서쪽으로는 몽골, 남쪽으로는 산하이관까지 나아가 명이 패망하는 것을 직접 경험하면서 온갖 고생을 했다.

봉림대군은 청에 볼모로 머무르는 동안 형인 소현세자를 옆에서 적극적으로 보호했다. 청이 산하이관으로 출격할 때 소현세자를 데려가려고 하니, 봉림대군은 자신이 대신 가겠다고 했다. 서역 일대를 공격할 때도 소현세자의 보호자로 동행했다.

1645년 2월에 소현세자가 먼저 조선에 돌아왔지만, 같은 해 4월 갑자기 세상을 떠났다. 그 후 5월 14일 봉림대군이 조선으로 돌아와 세자로 책봉되었다. 1649년 인조가 54세의 나이로 승하한 후 봉림대군은 창덕궁에서 조선 제17대 왕으로 즉위했다.

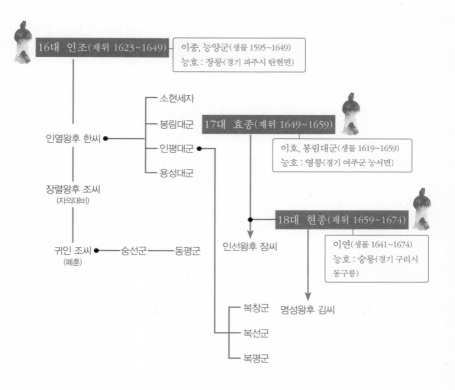

16대 인조(재위 1623~1649)　이종, 능양군(생몰 1595~1649)
능호 : 장릉(경기 파주시 탄현면)

소현세자

봉림대군　　17대 효종(재위 1649~1659)

인열왕후 한씨　인평대군　　　이호, 봉림대군(생몰 1619~1659)
능호 : 영릉(경기 여주군 능서면)

용성대군

장렬왕후 조씨
(자의대비)

18대 현종(재위 1659~1674)

이연(생몰 1641~1674)
능호 : 숭릉(경기 구리시
동구릉)

귀인 조씨　숭선군　동평군　　인선왕후 장씨
(폐훈)

복창군　명성왕후 김씨

복선군

복평군

효종은 즉위 후 표면적으로는 청과 사대 관계를 취했지만 뒤로는 청을 치려고 북벌 정책을 준비했다. 1652년(효종 3년) 북벌의 선봉대인 어영청을 대폭 강화하고, 임금의 친위병인 금군을 기병화했으며, 5군영의 하나인 수어청을 강화해 서울 외곽의 방비를 튼튼히 했다. 1656년에는 남방지역의 속오군에 보인을 붙였다. 보인은 경제적인 업무를 담당해 속오군이 훈련에 전념하도록 도왔다.

효종의 북벌 계획에 큰 영향을 미친 것이 '북벌론(北伐論)'이다. 북벌론은 3학사인 홍익한, 윤집, 오달제로부터 시작되었다. 소중화주의(小中華主義)에 입각해 오랑캐에게 당한 병자호란과 삼전도 굴욕의 수치를 씻고, 임진왜란 때 조선을 도와준 명에 대해 의리를 지키자는 주장이다.

## '음모의 달인' 김자점, 소현세자와 효종에게 칼을 겨누다

김자점은 김질의 후손이다. 김질은 단종 복위 운동을 세조에게 고해바친 인물이다. 성삼문과 함께 단종 복위를 도모했지만 마음을 돌려먹고 동지를 배반한 것이다.

광해군 때 김자점은 인목대비 폐모론이 나온 이후 벼슬길을 단념하고 이귀, 최명길 등과 함께 반정을 기도했다. 마침내 1623년 3월 군대를 모아 이귀, 김류, 이괄 등과 함께 홍제원에서 궁궐로 진격해 들어가 반정에 성공했다. 이 반정이 인조를 왕위에 올린 인조반정이다.

인조는 정묘호란이 일어났을 때 김자점에게 병권을 맡겼다. 김자점은 정묘호란 때 왕실을 호위한 공로로 도원수가 되었고, 서북쪽을 방어하는 책임자가 되었다. 하지만 병자호란이 일어나자 전투를 회피해 적군이 급속히 남하하도록 허용하기도 했다.

청은 심양의 조선관에서 소현세자와 조선에 관한 문제를 의논한 적이 있다. 당시 청은 인조를 반청주의자로 여기고 있었다. 이를 두고 김자점은 인조의 후궁 귀인 조씨(조소용)와 함께 인조와 소현세자를 이간질했다.

"소현세자가 심양에서 왕처럼 외교 문서를 결재하고 있다."

인조는 총애하고 있던 후궁 조씨의 말에 귀가 팔랑거렸다. 사람들은 소현세자가 조선으로 돌아오면 청 조정은 세자를 왕으로 세우려 할 것이라고 음해했다.

소현세자가 의문사했을 때도 김자점은 인조의 뜻을 알아채고 강빈을 처형하자고 주장했다. 한편, 김자점은 인조의 총애를 받던 귀인 조씨가 낳은 효명옹주와 자신의 손자인 세룡을 결혼시켰다. 인조와 김자점은 더욱 가까워졌다.

인조가 죽고 효종이 즉위하면서 북벌론이 대두했다. 김자점은 신변의 위험을 느꼈다. 여러 차례 사은사로 청을 내왕하면서 청과 우호적인 관계를 형성하고 있었던 것이다. 김자점은 청의 앞잡이인 역관 이형장을 시켜 조선의 북벌 계획을 청에 누설하기도 했다.

김자점은 대간들의 극렬한 탄핵을 받아 인조가 죽은 지 6일 만에 광양으로 유배되었다. 김자점은 유배지에서도 음모를 꾸몄다. 1651년(효종 2년)에는 귀인 조씨에게 편지를 써서 자신의 뜻을 전달했다.

"이대로 가면 귀인마마나 저는 목숨을 잃을 수도 있습니다. 숭선군(귀인 조씨의 아들)을 새 왕으로 추대해야 합니다."

김자점은 여기서 멈추지 않았다. 김자점은 아들 김익에게 군사 동원 명령을 내려, 원두표, 송시열, 송준길 등을 제거하라고 지시했다. 이 역모 계획은 사전에 누설되었다. 김자점을 비롯한 주모자들은 거열형(車裂刑)에 처해졌다. 일당들의 팔과 다리, 머리는 수레에 매여 찢어졌다.

인조반정 이후 출세 가도를 달린 김자점은 소현세자를 제거하는 데 앞장섰고, 북벌론을 청에 누설했으며, 아들 김익의 역모 사건을 배후 조종했다. 시대에 따라 권력에 빌붙어 아슬아슬하게 줄타기했던 김자점은 결국 사지가 줄에 매인 채 참담한 최후를 맞게 되었다.

### 북벌을 위해 키운 군대로 청군을 지원하다

효종은 송시열, 송준길, 이완 등을 등용해 군대를 양성하고 성곽을 수리하는 등 북벌에 의욕을 보였다. 하지만 북벌을 실행하기에는 당시 상황이 여의치 않았다. 조선은 두 차례의 전란이 남긴 후유증에서 아직 벗어나지 못했지만, 청은 명의 잔여 세력을 소탕하고 이미 안정기에 접어들었기 때문이다.

효종 말년에는 송시열도 생각을 바꿔 군비 확충에 반대했다. 결국 1659년 효종이 죽자 북벌론은 무산되고 말았다.

숙종 때에도 북벌론이 제기되었다. 청 내부에서 혼란이 일어난 것을 틈타 남인인 윤휴를 중심으로 북벌론이 일어난 것이다. 하지만 청이 곧 안정을 되찾고 윤휴가 실각함에 따라 구체화되지는 못했다.

엉뚱하게 청을 정벌하기 위해 양성된 조선의 군대가 오히려 청을 돕는 데 쓰인 일도 있었다. '나선 정벌' 때의 일이다. '나선'은 러시아 사람들, 즉 '러시안(Russian)'을 한자음으로 옮긴 말이다.

러시아는 17세기 표트르 1세 때부터 시베리아 지역으로 영토를 확장해 왔다. 청은 러시아와 충돌하게 되자 조선에 원병을 요청했다. 이에 조선은 북벌론에 대한 의심을 피하려고 어쩔 수 없이 출병하게 되었다.

흑룡강 일대의 풍부한 자원을 탐냈던 러시아는 1651년(효종 2년) 흑룡강 오른쪽 기슭의 알바진 하구에 성을 쌓고 모피를 수집했다. 러시아와 청의 수렵민들은 모피를 차지하기 위해 충돌했다. 마침내 청은 군사까지 파견했다.

1652년 러시아인들은 다시 우수리 강 어귀로 내려가 성을 쌓고, 송화강 방면으로 활동 범위를 넓혔다. 청은 영고탑에 있던 군사를 보내 러시아군을 쫓아내려 했으나, 청군은 총을 지닌 러시아 군사를 당해 내지 못했다. 결국 청이 1654년 2월 조선에 사신을 보내 조총 병사 100명을 지원해 달라고 요청했다.

효종은 함경도 병마우후 변급에게 조총군 100명, 취사병 20명 등 150여 명을 거느리고 출정하도록 지시했다. 1654년 4월 28일 모란강 상류 지역의 영고탑에 도착한 조선 조총군은 청군과 합류해 흑룡강으로 거슬러 올라오는 러시아군과 마주쳤다.

변급의 보고에 따르면 러시아군은 대선 13척, 소선 26척에 병력은 400명 미만이었다. 병력은 조·청 연합군이 우세했지만 함선의 성능과 화력은 열세였다. 변급은 수상전을 피하고 육지에서 통 버드나무를 목책으로 삼은 후 러시아 함선에 집중 사격을 가했다. 러시아군은 변급의 기습에 휘말려 많은 부상자를 내고 흑룡강을 거슬러 후퇴했다.

조선군은 단 한 명의 사상자도 없이 84일간의 원정을 마치고 6월 20일 두만강을 건너 조선으로 돌아왔다. 이것이 제1차 나선 정벌이었다.

그 후에도 러시아군과 청군 사이에 계속 마찰이 일어났지만 청군은 번

번이 패했다. 1658년 3월 청이 다시 조선 조총군의 파견을 요청하자, 조선 조정은 혜산진 첨사 신류에게 조총군 200명과 일반 병사 60여 명을 맡겨 정벌에 나서도록 했다. 제2차 나선 정벌이 벌어진 것이다.

조선군은 이번에도 영고탑에서 청군과 합류해 흑룡강으로 나아갔고, 송화강과 흑룡강이 합류하는 지점에서 러시아군과 마주쳤다. 스테파노프가 이끄는 러시아군이 강에서 큰 배 10여 척을 앞세워 공격하고 육상에서도 협공해 오니 청군은 감히 나아가지 못했다. 하지만 조선군이 불화살을 쏘아 적선을 불태우자 전세는 역전되었다. 러시아군은 흩어져 도망가기 시작했다.

신류는 적선을 모두 불태우려 했으나, 청 장수 사이호달이 불태우지 말라는 명령을 내렸다. 전리품에 욕심을 낸 것이다. 이에 신류는 "여세를 몰아 적선을 불태웠으면 적은 한 명도 살아남지 못했을 것이다."라며 아쉬워했다. 이때 조선 병사 여덟 명이 사망하고 25명이 다쳤다. 러시아의 11척의 배 가운데 열 척이 불타고, 스테파노프를 포함한 270여 명의 군인이 전사했다.

조선 조총 군사가 러시아의 동방 진출을 효율적으로 막음으로써 청은 1689년(숙종 15년)에 러시아와 국경을 확정짓는 네르친스크 조약을 유리한 입장에서 체결할 수 있었다. 조선이 중국의 영토 확장에 큰 역할을 한 것이다.

두 차례에 걸친 나선 정벌을 통해 효종 즉위 초부터 일어난 조선의 북벌 계획이 나름대로 잘 실현되어 왔다는 것을 알 수 있다. 조선군은 적은 수의 군사로도 전투에서 큰 전과를 올렸다. 또한 나선 정벌에서의 승리는 조선군이 청군과도 싸워 이길 수 있다는 자신감을 드높였다.

20여 년 전 삼전도의 치욕을 기억하고 있던 조선군은 청군도 연패한 상대인 러시아군을 꺾었다는 데서 큰 자부심을 느꼈을 것이다. 만약 효종이 일찍 세상을 떠나지 않고 조총수들에게 북벌을 맡겼다면 조선군은 상당한 전과를 올릴 수도 있었을 것이다.

조선은 이후에도 산성을 정비하고 군비를 확충하는 등 북벌 계획을 계속 추진했다. 또한 제주도에 표류한 하멜을 훈련도감에 보내 조총, 화포 등의 신무기를 개량하게 했다. 하지만 지나친 군비 확충은 조정에 재정적 어려움을 안겨 주었다. 백성은 생활고에 시달려야 했다.

## 송시열, 북벌보다 수신을 강조하다

효정 연간에 서인은 대동법을 주장한 '한당(漢黨)'과 이를 반대한 '산당(山黨)'으로 갈라졌다. 한당이란 명칭은 주로 한강 이북에 거주했던 사림이 모인 데서 유래한다. 산당은 충청도 연산과 회덕 지방 출신 중심으로 결집했다.

김육을 중심으로 결집한 한당은 대동법 시행을 주장했고, 이를 반대한 산당과 정치적으로 대립했다. 당 간의 갈등 끝에 김육은 산당을 물리치고 정국의 주도권을 잡았다.

산당의 영수 김집은 관직에서 물러나 낙향했고, 그 뒤를 따라 산당인 송시열, 송준길 등도 모두 낙향했다. 한당은 대동법이 전국적으로 시행되

**송시열(1607~1689)** 노론의 영수이자 주자학의 대가다. 조선 후기 정치계와 사상계에 막대한 영향을 미쳤다. 숙종 때 서인이 남인을 배척하는 과정에서 강경파인 노론과 온건파인 소론으로 갈라졌는데, 노론은 송시열을 중심으로 결집하여 대의명분을 존중하고 민생 안정을 강조했다.

도록 힘썼다. 하지만 1658년(효종 9년) 김육이 사망하자 세력이 약해졌다. 이 틈을 타 송준길, 송시열 등이 산당을 주도하며 점차 영향력을 확대했다.

　김육이 죽은 후 효종은 반청론을 주장한 송시열, 송준길, 김집 등과 함께 북벌 계획을 추진했다. 송시열은 북벌론을 통해 자신의 정치적 입지를 강화하고자 했다. 반면, 송시열은 구체적인 북벌 계획은 내놓지 않았다. 유교적 명분론에 따라 수신(修身)을 먼저 해야 한다는 주장만 내세웠다.

더군다나 밀봉 상소를 올려 효종의 통치 행위를 전면적으로 부정하기까지 했다.

"전하의 재위 기간 8년 동안 한 치의 실효도 없었나이다. 위로는 명 황제에게 보답하지 못했고, 아래로는 신하와 백성의 바람에 답하지 못했습니다."

산당의 협조 없이 북벌을 추진하는 것은 사실상 불가능한 상황이었다. 효종은 "모두 내게 수신만 권하고 있는데, 치욕을 씻지 않고 수신만 하면 무슨 이익이 있는가?"라고 힐난했다.

북벌 추진을 위해 산당을 끌어들이기로 한 효종은 송시열을 이조 판서로, 송준길을 대사헌으로 삼았다. 송시열에게는 인사권을, 송준길에게는 탄핵권을 준 셈이다.

결국 효종은 1659년 송시열과의 독대에서 자신의 북벌 계획을 구체적으로 밝혔다. 이는 송시열의 『송자대전』에 기록되어 있다.

"저 오랑캐들은 곧 망할 것이다. 10년 동안 군사를 훈련하고 군 장비를 준비하며 군량을 비축해야 한다. 백성이 일치단결해 10만 명의 정예 군사를 양성한 다음 명과 내통해 기습하고자 한다."

효종은 탄식하며 불만을 내뱉기도 했다.

"예전에는 마음을 같이하는 신하 한둘만 있어도 도움이 된다고 했는데,

지금은 모두 눈앞의 이익만 추구하고 있으니, 누가 나와 함께 일할까."

하지만 송시열은 효종을 대놓고 비판했다.

"제왕은 먼저 자신의 몸을 닦고 집안을 다스린 후에야 법도를 세웠나이다. 신하가 제 집안을 키우는 데만 힘쓰는 것도 전하를 보고 배운 것이 아니라고 어찌 말할 수 있겠나이까."

송시열은 북벌 이전에 수신이 선행되어야 한다는 주장을 굽히지 않았다.

효종의 말대로 왕이 신하들과 일치단결했다면 북벌이 불가능한 꿈은 아니었을 것이다. 나선 정벌 때 조선 조총 부대의 놀라운 전투력을 이미 시험해 보지 않았는가. 하지만 안타깝게도 사대부에게는 북벌의 꿈보다 기득권 유지가 훨씬 더 중요한 일이었다.

1659년 5월 4일 효종은 꿈에도 그리던 북벌을 이루지 못한 채 갑작스레 눈을 감았다. 의원이 효종의 귀밑에 난 종기를 치료하다가 침을 잘못 놓았다. 효종은 피를 두어 말이나 쏟고 숨을 거두었다고 한다.

## 김육, 충청도와 전라도에 대동법을 시행하다

1580년에 태어난 김육은 조선 초유의 국난이었던 임진왜란과 병자호란을 겪었다. 백성의 참상을 목격했기에 누구보다 전후 복구 문제가 시급하다는 사실을 잘 알고 있었다. 사사로운 이익과 욕심만 좇는 위정자와는 달리 김육은 국가 재정뿐 아니라 백성을 구제하는 일에도 온 힘을 기울였다.

대동법은 이미 이원익의 건의로 1608년(광해군 즉위년) 경기도에서 시

**대동법 기념비(경기 평택시)** 김육이 충청 감사로 있을 때 대동법 시행의 성과를 기리기 위해 건립했다.

행된 적이 있었지만, 실효를 거두지는 못했다. 1638년 충청도 감사가 된 김육은 대동법 시행을 인조에게 강력하게 건의했다.

김육은 대동법이 백성을 구제하는 방편인 동시에 국가 재정 확보에도 도움이 되는 시책이라 생각했다. 하지만 반대로 국가 재정을 부족하게 만드는 세법이라 생각하는 관리도 많았다. 김육은 한계에 부딪혔다.

효종 때 김육은 충청도와 전라도에도 대동법을 시행할 것을 건의했다. 1651년 8월 충청도에는 끝내 대동법이 다시 시행되었다. 김육은 이에 만족하지 않고 1658년 전라도 연해안 27개 군현에서도 대동법을 추진했다.

대동법에 따라 납부 기준이 호에서 토지로 바뀌었다. 대지주인 수령과 관료는 이에 강력히 반발했다. 특히 김육은 호서(충청도) 사림인 김집, 송시열 등과 대동법을 둘러싸고 정치적 갈등을 겪었다. 김육은 반발을 잠재우기 위해 효종을 확실히 자기편으로 끌어들이려고 했다.

1658년 7월에는 대동법을 반대했던 송시열도 찬동했다. 효종이 충청도 회덕 출신의 송시열에게 대동법에 대해 의견을 물었을 때, 송시열은 다음과 같이 답했다.

"편하게 여기는 자가 많으니 좋은 법입니다."

김육이 살아 있을 때는 충청도와 전라도 연해안 각 고을에서 대동법이 시행되었다. 1658년 9월 김육은 죽기 직전 왕에게 올린 상소에서도 호남의 대동법 시행을 강조했다. 1662년(현종 3년) 김육의 유지를 받든 전라남도 감사 서필원의 노력으로 대동법은 산골 마을에서도 시행되었다.

김육은 79세를 일기로 생을 마감했다. 효종은 그의 죽음에 애석해 했다.

"김육 같은 사람을 또 얻을 수 있겠는가. 참으로 흔들리지 않고 확고하게 국사를 담당하는 사람이었다."

김육은 살아생전에 대동법 외에 상평통보 주조를 건의하기도 했다. 한양과 서북 지방에 화폐가 유통되는 것이 목표였다. 이런 노력에 힘입어 상평통보는 숙종 때 법정 화폐로 상용화되었다. 1653년에는 김육의 주장에 따라 선진화된 역법인 시헌력이 조선 실정에 맞게 도입되기도 했다.

**영릉(경기 여주시)**

효종의 능이다. 효종이 죽고 나서 조정에서는 자의대비의 상복 입는 기간을 두고 예송이 벌어졌다. 얼마 후, 효종의 비 인선왕후도 죽자 또다시 예송이 불거졌다. 양 난과 대기근으로 백성들은 신음하고 있는데, 위정자들은 백성을 돌보기는커녕 자신의 명분과 안위만을 생각했다.

# 백성은 굶어 죽는데도
# 예법을 따지다

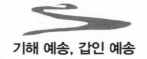

## 기해 예송, 갑인 예송

**효종을 차남으로 여겨 자의대비가 일 년간 상복을 입다**

인조에게는 소현세자, 봉림대군, 인평대군, 용성대군 이렇게 네 아들이 있었는데, 소현세자는 이른 나이에 죽었다. 종법(宗法, 제사의 계승과 종족의 결합을 위한 친족 제도의 기본이 되는 법)에 따라 소현세자의 맏아들이 세자가 되어야 했지만 인조는 둘째 아들 봉림대군(효종)을 세자로 책봉했다.

1659년 효종이 갑작스럽게 죽음을 맞이했을 때 조정에서는 효종의 어머니인 자의대비가 상복 입는 기간을 두고 논쟁이 일어났다.

『주자가례』에 따르면 부모는 장자에 대해서는 3년상을 치르고, 둘째 이하의 아들에게는 기년상(일년상)을 치러야 했다. 송시열과 송준길 등 서인은 "왕실도 사대부와 같이 『주자가례』를 따라야 한다. 효종은 둘째 아들(차남)이므로 자의대비가 일 년간 상복을 입어야 한다."라고 주장했다. 효종은 왕이었지만 대비에게는 둘째 아들에 불과하다고 생각한 것이다.

왕실의 법도를 따라도 자의대비는 일 년간 상복을 입어야 했다. 왕실의 예법을 다룬 『경국대전』에는 "장남이든 차남이든 상관없이 일 년"이라는 규정이 있었기 때문이다.

허목, 윤선도 등 남인은 이에 반발해 "효종은 차남이지만 왕위를 이었기에 장남 대우를 받아야 한다."라고 주장했다. 윤휴도 "왕실은 사대부와 다르므로 자의대비가 어머니라 할지라도 신하의 입장에서 3년 동안 상복을 입는 것이 옳다."라고 주장했다. 이 논쟁을 '기해 예송(1차 예송)'이라고 한다.

예송(禮訟, 유교적 관혼상제의 의례에 대해 시비를 가리는 것)은 효종의 정

**영릉(경기 여주시)** 효종과 인선왕후 장씨의 능이다. 왕비릉을 아래에 배치한 쌍릉이다.

통성과 연관된 문제였다. 장자 계승 원칙을 내세운 서인의 주장은 자칫 왕위 계승권이 효종의 아들(현종)에게 이어지는 것이 아니라 장자인 소현세자의 아들에게 있다는 것으로 오해를 살 수 있었다.

종법을 엄격하게 따진 송시열의 주장을 확대해서 해석하면, 효종은 왕위 계승 자격이 없었던 둘째 아들이었는데도 왕이 된 셈이다. 게다가 효종이 사망한 후에도 소현세자의 아들은 살아 있었다. 송시열의 종법주의는 현종의 왕위 계승을 부정하고 역모를 꾀하기 위한 근거로 비칠 수도 있었다.

실제로 윤선도는 기년상을 주장하는 송시열 등을 역모로 몰아갔다. "송시열과 송준길은 효종의 덕을 다 받으면서 효종에게 각박하게 구는

**암서재(충북 괴산군)** 정계에서 은퇴한 송시열이 학문을 닦고 제자들을 가르치던 서재로 알려져 있다.

까닭이 무엇이냐?"라고 다그쳤다. 하지만 서인은 "예론을 빙자해 송시열 등 서인을 모함하려고 이간질했다."라며 윤선도를 탄핵해 귀양을 보내 버렸다.

현종은 서인의 주장을 따랐고, 이제 더는 예론을 거론하지 말라고 엄명했다. 예송 문제는 차차 잦아들었다. 하지만 남인 유생들의 윤선도 구명 운동이 이어졌고, 예송의 불씨는 지방으로 옮겨져 지방 유생들끼리 대립하는 양상으로 치달았다. 정쟁에서 패배한 남인은 정권을 장악하려는 싸움을 계속했다.

1차 예송은 소현세자의 아들들이 모두 죽고, 1667년(현종 8년) 현종의 아들 이순(훗날 숙종)이 왕세자로 책봉되고 나서야 일단락되었다.

### 정명공주, 위장된 정통성 논쟁을 보며 화정을 쓰다

현종은 15년의 재위 기간 대부분을 예론을 둘러싼 서인과 남인의 정쟁 속에서 지냈다. 아버지 효종과 어머니 인선왕후가 죽었을 때 대신들은 할머니인 대왕대비(자의대비)가 상복을 입는 기간을 두고 서인과 남인으로 나뉘어 갑론을박했다. 표면적으로는 왕실의 예법을 따지는 문제처럼 보였지만, 실은 권력 다툼이었다. 결국 어떤 당파가 정권을 주도할 것인가의 문제로 귀결되었다.

예송은 붕당 정치의 양상을 바꾸는 데 큰 영향을 미쳤다. 현종이 집권할 무렵, 즉 예송 전에는 붕당의 구도가 서인이 우세한 가운데 남인과 연합한 형태를 띠었다. 두 붕당이 공존하며 정국을 이끌어 갔다고 할 수 있다. 하지만 두 차례의 예송을 거치면서 서인과 남인의 대립이 극심해졌고, 이후 집권당이 상대 당을 배제한 채 독점적으로 정국을 운영해 나갔다.

서인이 예송 논쟁으로 주도권을 잡고 있었던 1663년(현종 4년) 정명공주가 환갑을 맞았다. 명분상 정통성 다툼인 예송 논쟁을 보며 정명은 선조의 적통이었던 동생 영창대군을 떠올렸을지도 모른다. 하지만 냉엄한 정치 현실을 여자의 몸으로 뒤바꿀 수는 없었다.

인조반정으로 복권되긴 했으나 어머니 인목대비가 죽은 후 인조는 정명공주가 자신을 저주한다는 의혹을 품었다. 인조의 감시 아래에 있었던 정명공주는 의심을 살 만한 행동은 피했다. 오랜 서궁 유폐 시절을 거치며 움직이면 표적이 된다는 것을 본능적으로 체득했기 때문이다. 그래서 인조가 죽기 전 17년 동안은 붓을 꺾었다.

8년 연하의 인조가 죽은 후에야 정명공주는 숨다운 숨을 쉬게 되었다. 정명의 남편 홍주원도 정국을 주도하던 송시열과 뜻을 같이했다. 「화정」이 정명의 환갑 전후로 쓴 글씨라면, 붓을 꺾었던 정명공주가 종법을 수호한 남편과 송시열을 위해 다시 붓을 쥐고 '화정'이라는 두 글자를 남긴 것은 아니었을까.

정명공주는 예송을 옆에서 지켜보며 적통으로 세상에 나와서 서자들에게 당한 설움을 되새겼을 것이다. 다른 한편으로는 남편과 송시열이 명분을 수호하려다 표적이 되는 일이 없기를 바라는 마음이 더 간절했을

지도 모른다.

정명의 바람 덕분인지는 알 수 없지만 홍주원은 선조, 광해군, 인조, 효종, 현종과 시대를 함께하며 66세까지 살았다. 당시 조선 시대 사람들의 평균 수명은 20세 정도에 불과했다. 영·유아 사망을 제외하고 성장한 사람들만 해도 40세를 넘기기 힘들었다. 이러한 점을 고려하면 홍주원은 장수한 셈이다.

홍주원은 문학을 즐기고 선비들과 명승지를 찾아다니며 놀기를 좋아했다. 1668년(현종 9년) 현종이 온천에 행차할 때 신병을 무릅쓰고 모시고 가려다 풍병(風病, 신경의 탈로 말미암은 온갖 병)을 얻어 얼마 후 사망했다. 정명공주는 세 살 아래의 남편이 죽은 후에도 17년을 더 살았다.


**효종 비를 맏며느리로 여겨 자의대비가 일 년간 상복을 입다**

예송 논쟁은 청에서도 이상하게 여겨졌다. 1671년(현종 12년) 2월 청 황제 강희제는 북경에 온 동지사(冬至使, 해마다 동짓달에 중국으로 보내던 조선 사신) 복선군 이남(현종의 사촌)에게 말했다.

"조선 백성은 기근으로 다 굶어 죽게 되었는데, 이는 신하가 강하기 때문이 아닌가. 돌아가면 이 말을 꼭 전하라."

복선군은 강희제의 생각에 이의를 제기했다.

"신하가 강해 백성이 굶주릴 까닭이 있겠습니까."

그러자 강희제는 말을 누그러뜨렸다.

"정사가 국왕의 가까운 친척이어서 그렇게 말한 것이오."

강희제가 보기에도 예송을 내세워 왕까지 압박하는 조선의 상황이 매우 안타까웠나 보다.

복선군은 부정했지만 청 황제의 판단은 정확했다. 조선의 신하들은 백성이 기근으로 죽어 나가는데도 자신들의 기득권을 지키기 위해 예론에 집착하고 있었다.

1차 예송이 끝나고 15년 후 효종 비 인선왕후가 죽자 또다시 예송 문제가 불거졌다. 2차 예송은 갑인년(1674년)에 일어났다고 해서 '갑인 예송'으로 불린다. 예학을 국가 운영의 근간으로 여긴 당시 남인과 서인은 다시 한 번 정치 생명을 걸고 부딪쳤다.

예조 판서 조형이 대왕대비(자의대비)의 복제를 처음에는 기년복으로 올렸다가 나중에 대공복(大功服, 9개월 동안 입는 상복)으로 바꾼 일이 있었다. 그러자 대구 유생 도신징이 칠순의 늙은 몸을 이끌고 한양으로 올라와 항의 상소를 올렸다.

"대왕대비께서 인선왕후를 위해 입는 상복을 처음에는 기년복으로 정했다가 나중에 대공복으로 고쳤는데, 이는 어떤 전례를 따라 한 것입니까? 지난 예송 때는 『경국대전』에 따라 기년복을 입었는데, 왜 이번에는 『주자가례』를 따라 대공복을 입어야 합니까."

지난 예송 때 서인은 『주자가례』에 따라 효종을 차남으로 여겨 기년복을 주장했다. 이번에도 마찬가지로 『주자가례』의 예를 적용해 인선왕후를 인종의 둘째 며느리로 보고 상복을 대공복으로 정한 것이다. 『경국대전』을 따랐다면 맏며느리든 둘째 며느리든 모두 기년복을 입어야 했다.

**화양 계곡 첨성대(충북 괴산군)** 수십 미터 높이로 우뚝 치솟은 바위다. 별을 관측했다고 하여 '첨성대'라는 이름이 붙었다. '大明天地 崇禎日月(대명천지 숭정일월)'이라는 송시열의 글씨가 새겨진 바위가 있다.

현종은 1차 예송 때 『주자가례』가 아닌 『경국대전』의 예에 따라 상복을 정했던 것으로 알고 있었기에 도신징의 논의를 받아들였다. 그리고는 대공복을 입어야 한다고 주장한 서인 김수흥에게 따져 물었다.

"15년 전에는 고대 중국의 예가 아닌 『경국대전』의 국제에 따라 기년복으로 정한 것으로 기억하오. 그렇다면 이번에도 기년복이 되어야 하는데 어째서 대공복인가? 왜 이번에는 중국의 예를 따르는가?"

이때 좌부승지 김석주가 보고했다.

"송시열이 '효종을 둘째로 보아도 괜찮다.'라고 했나이다."

영의정 김수흥, 판중추부사 김수항 등도 기해년에 기년복으로 정한 근거만 장황하게 늘어놓았다. 서인은 겉으로는 효종을 국왕으로 모셨지만, 속으로는 왕실을 자신들과 같은 사대부가로 여기고 있었다.

현종이 여러 차례 기회를 주었는데도 서인은 송시열을 의식해 계속 대공복을 고집했다. 그러자 현종은 분노했다.

"임금에게 이렇게 박하면서 어느 곳(송시열)에 후하게 하는 것인가?"

결국 현종은 너무 강해진 서인을 견제하고 권력의 균형을 이루기 위해 남인의 편을 들어주었다.

상복을 입는 기간은 『경국대전』에 따라 일 년으로 정해졌고, 1674년 (현종 15년) 7월 16일 현종은 영의정 김수흥에게 선왕의 은혜를 잊고 송시열의 의견을 추종한 죄를 물어 춘천에 머물게 하는 벌을 내렸다.

7월 26일에는 남인 허적을 영의정으로 임명했다. 현종은 이제 어느 정도 힘의 균형을 맞추고 왕권을 바로 세울 수 있게 되었다. 하지만 갑자기 원인 모를 질병에 시달리다 8월 18일 34세의 젊은 나이로 생을 마감했다. 현종의 능은 경기도 구리시에 있는 숭릉이다.

### 자식을 삶아 먹는 대기근을 겪고도 예법 논쟁을 벌이다

조선의 기득권층은 통치 기강 확립과 기득권 유지를 위해 유교 예법을 강조했다. 유교 예법은 당파의 존립을 위한 정치 이념으로까지 이용되었다. 남인 윤선도는 효종을 차남의 예법으로 다루어야 한다는 송시열을 역모로 몰기까지 했다.

특히 유교의 장례 절차는 형식주의로 흘러 국력 낭비까지 초래했다. 1649년 5월 8일 인조가 세상을 떠났는데, 무더운 여름철 내내 부패한 인조의 시신을 안치하다가 9월 11일에 발인이 이루어지고 묘지인 장릉에는 9월 20일에 묻혔다. 첨지 윤선도는 묘를 만들 산의 능 터를 놓고 풍수타령만 하다가 시간을 지체하는 바람에 결국 파직까지 당했다고 한다.

아버지의 장례 기간이 5개월이나 되어 효종은 아예 병상에 드러눕기도 했다. 대비, 왕비, 왕세자, 왕자, 공주, 왕비 부모의 장례도 비슷한 절차를 거쳤다고 하니 조선은 장례와 제사로 세월을 다 보낸 '장례 왕국'이라 할 만하다.

특히 현종 때 조정은 예법 논쟁으로 세월을 다 보냈다. 1659년 효종이 죽은 후에는 효종의 계모인 자의대비의 상복 입는 기간을 두고 '기해 예송'이 일어났다. 1674년 효종의 비인 인선왕후가 죽자 자의대비의 상복 입는 기간을 두고 '갑인 예송'이 벌어졌다.

조정이 백성의 삶에는 털끝만큼도 도움이 되지 않는 예송에 휘둘려 있는 사이, 대기근이 조선 팔도를 덮쳤다. 경술년(1670년)과 신해년(1671년)에 걸쳐 발생해 '경신 대기근'이라고도 한다. 경신 대기근은 17세기의 범세계적인 기상 이변의 연장선에 있었다.

『현종실록』을 보면 1670년 한 해 동안 온갖 자연재해가 집중적으로 일어났고, 전염성 열병이 곳곳에서 유행했다. 이듬해에는 조정에서 구휼에 적극적으로 나섰지만, 셀 수 없이 많은 백성이 죽어 갔다. 기근은 심각했다. 임진왜란을 겪은 노인들이 "전쟁 때도 지금보다는 나았다."라고 넋두

리할 정도였다. 1671년 1월 11일 전라 감사 오시수는 다음과 같은 보고서를 올렸다.

"기근의 참혹함이 올해보다 더 심한 때가 없었고, 남방의 추위도 올겨울보다 더 심한 때가 없었다. 감영에서 가까운 고을에서 얼어 죽은 사람이 190명이나 되고, 갓난아이를 도랑에 버리고 강물에 던지는 일이 많다. 돌림병으로 죽은 자가 이미 670여 명이나 된다."

경신 대기근 때문에 온 나라가 파멸의 지경에 처했다. 조선 팔도 전체에 흉년이 들어 당시 조선 인구수인 1,000만여 명 가운데 100만여 명이 기아와 역병으로 죽었다고 추정하기도 한다.

하지만 위정자들은 백성보다 자신의 안위를 살피기에 바빴다. 당시 지급된 구휼미도 모두 썩은 쌀이었다. 1671년 3월 20일 강화 유수 김휘가 환곡을 탕감해 줄 것을 청한 일이 있었는데, 조정은 이를 허락하지 않았다.

3월 21일에는 충청 감사 이홍연으로부터 끔찍한 보고가 올라왔다.

"산골짜기에 사는 여비 순례가 다섯 살 된 딸과 세 살 된 아들을 죽여서 삶아 먹었는데, 사실 여부를 물어보니 '일부러 죽인 게 아니고 병으로 죽은 아들과 딸을 배가 고파 삶아 먹었다.'라고 한다. 아무리 배가 고파 실성했다 하더라도 예전에 없던 일이라 엄히 다루었다."

당시 상황을 지켜보던 현종은 "가엾은 백성이 무슨 죄가 있단 말인가. 허물은 나에게 있는데 어째서 재앙은 백성에게 내린단 말인가."라며 탄식했다. 현종의 말 그대로였다. 허물은 왕과 조정 대신들에게 있었다.

## '수신제가치국평천하'의 뿌리 화정

위정자들은 무시무시한 재앙을 겪고도 정신을 차리지 못했다. 경신 대기근이 휩쓸고 지나간 지 불과 3년도 되지 않아 조정은 또다시 갑인 예송을 일으켰다.

당파와 가문을 위한 '화려한 정치'는 있으되, 백성을 향한 '빛나는 다스림'은 없었다. '화정'은 잘못된 시스템에 갇힌 조선 민중에게 바치는 헌사여야 한다. 화려한 겉멋이 아닌 민중의 삶에 뿌리내린 '빛나는 다스림'이어야 한다. 그 다스림은 남이 아닌 나에게 먼저 향해야 한다.

성리학을 집대성한 주희(朱熹, 1130~1200)는 '수신제가치국평천하(修身齊家治國平天下)'를 어떻게 설명했을까. 주희는 공자보다 더 깊이 들어갔다.

유교가 국교로 채택된 한 대 이래 오경(伍經,『시경』,『서경』,『역경』,『예기』,『춘추』)이 기본 경전으로 전해지다가 송의 성리학자인 주희가 불교와 도교에 맞서는 성리학의 체계를 세우면서『예기』에서『중용』과『대학』의 두 편을 독립시켜 사서(四書,『논어』,『맹자』,『대학』,『중용』) 중심의 체재를 확립했다.『대학』에는 3강령과 8조목이 있다.


천하를 다스리고자(平天下, 평천하) 하는 사람은 먼저 그 나라를 다스렸고(治國, 치국), 그 나라를 다스리고자 하는 사람은 먼저 그 집을 다스렸고(齊家, 제가), 그 집을 다스리고자 하는 사람은 그 몸을 다스렸다(修身, 수신).

그 몸을 다스리고자 하는 사람은 먼저 그 마음을 다스렸고(正心, 정심), 그 마음을 다스리고자 하는 사람은 먼저 그 뜻을 참되게 했고(誠意, 성의), 그 뜻을 참되게 하고자 하는 사람은 먼저 그 앎을 이루었다(致知, 치지). 앎을 이루는 것은 사물을 깊이 파고듦에 있다(格物, 격물).

주희 식으로 깊이 들어가면 화정의 시발점은 '나를 다스리는 것'이다. 화정(華政)은 두 방향으로 해석할 수 있다. '번지르르한 정치로 나를 세우기' 혹은 '빛나는 다스림으로 백성 속으로 들어가기'가 그것이다. 문제는 성리학을 자신의 이데올로기로 삼아 이용하는 사람들이었다.

실제 사물의 이치를 연구해 지식을 완전하게 하는 '격물치지'에만 천착한 조선의 사대부들은 조선을 실체가 없는 공론에 빠뜨렸다. 이에 양명학의 거두 정제두는 "성리학자는 주희를 끼고 계책을 이루려는 자"라며 성리학의 폐해를 통렬하게 비판했다.

그래도 기득권층은 요지부동이었다. 성리학은 금녀의 영역이었고, 사대부들의 전유물로서 정치적 다툼에 명분으로 이용되었다.

오히려 정명공주가 주희가 말한 수신(修身)을 이루었다. 정명은 스스로 침잠(沈潛)함으로써 다른 사람이 움직일 수 있는 공간을 만들었고 위기의 순간에 다른 사람은 자신을 지키는 우군이 되어 주었다. 정명은 번지르르한 정치로 자신을 세우기보다 빛나는 다스림으로 백성 속으로 들어가는 길을 꿈꿨다.

**창덕궁**(서울시 종로구)

현종이 죽고 뒤를 이어 숙종이 창덕궁 인정전에서 즉위했다. 숙종 때도 예송이 이어졌는데, 왕은 서인의 영수 송시열을 내치면서 예송을 일단락 지었다. 숙종은 선대의 왕들과는 달리 붕당의 갈등을 역이용해 환국을 주도했다. 〈사진작가 서헌강 제공〉

# 정명공주와 송시열, 17세기를 함께하다

## '빛나는 다스림' 화정

### 숙종, 서인을 내치면서 예송을 끝맺다

1674년(현종 15년) 8월 중순 들어 현종의 병세가 날로 심해졌다. 결국 현종은 34세의 나이로 숨을 거두었고, 현종의 뒤를 이어 세자가 창덕궁 인정전에서 즉위했다. 그가 바로 숙종이다.

숙종은 열네 살의 어린 나이에 즉위했지만, 바로 친정을 시작하고 남인 허적을 영의정으로 임명했다. 이제 본격적으로 남인이 집권당이 되기 시작했다.

현종이 죽었을 당시에도 인선왕후의 상이 끝나지 않아 송시열을 비롯한 서인·세력은 여전히 예송 문제를 들고 나왔다. 하지만 현종의 외아들인 숙종은 송시열이 사대부의 관점에서 효종과 현종의 정통성을 부정하려 했던 것에 대해 탐탁지 않게 생각하고 있었다.

예전에 송시열을 비롯한 서인이 국왕도 사대부의 예법에 따라야 한다

**창덕궁 인정전(서울시 종로구)** 경복궁의 근정전, 창경궁의 명정전과 함께 조선 궁궐의 정전이다.

고 주장했기 때문이다. 그들은 효종을 작은아들로, 효종 비 인선왕후를 작은며느리로 여겨 시어머니인 자의대비가 상복을 9개월간 입어야 한다고 보았다. 반면, 남인 측은 효종이 왕위 계승자이므로 장자로 대우해 일년간 상복을 입어야 한다고 주장했다. 이에 현종은 남인의 손을 들어 주었다.

숙종이 즉위한 해 9월 송시열에게 현종의 묘비문을 짓도록 맡기려고 했던 사건은 왕이 서인에게 가지고 있던 마음을 확인하는 계기가 되었다. 송시열이 묘비문을 쓴다는 소식에 반발한 진주 유생 곽세건이 상소를 올렸다.

"송시열에게 선왕의 묘지문을 짓게 하는 것은 실로 잘못된 일이옵니다. 송시열은 효종과 선왕께 죄를 지은 자인데, 어찌 죄인에게 함부로 붓을 잡게 하시나이까?"

발끈한 서인은 "곽세건을 국문해 멀리 귀양 보내야 한다."라고 주장했으나, 숙종은 남인 허적의 의견에 따라 곽세건에게 과거를 보지 못하게 하는 정도의 벌을 내림으로써 사태를 마무리 지었다. 현종의 묘비문은 결국 김석주(숙종의 생모인 명성왕후 김씨의 사촌 동생)가 맡아 짓게 되었다.

얼마 후, 송시열의 제자인 이단하가 지은 현종의 행장(行狀, 죽은 사람이 평생 살아온 일을 적은 글)이 또 문제가 되었다. 이단하는 스승 송시열을 보호하기 위해 예송에서 문제가 된 상복 제도에 대해 두루뭉술하게 서술했다. 숙종은 "선왕 때 예를 그르친 대신들을 분명히 지목해 다시 쓰라."라고 엄하게 명했다. 이단하는 어쩔 수 없이 숙종의 명을 따라 글을 몇 번이나 고쳐 올려야 했다. 이에 따라 예를 그르친 송시열의 죄가 공식적으로 거론되었다.

1674년 12월 13일 현종의 장례가 끝나자 남인 측은 송시열을 본격적으로 탄핵했고, 숙종은 그날 바로 송시열을 파직했다. 남인이 파직 정도에 만족하지 않자, 숙종은 송시열을 덕원으로 유배했고, 유배 장소는 여러 곳으로 옮겨졌다.

송시열은 83세 되던 해인 1689년에 숙의 장씨의 아들(훗날의 경종)이 왕세자로 책봉되는 것에 반대하다 제주도로 유배되었고, 한양으로 압송되던 중 사약 두 사발을 마시고는 파란만장한 생을 마감했다.

## 정명공주, 뭇사람의 예우를 받다

남인의 집권은 오래가지 못했다. 남인의 세력이 커지자 숙종은 남인의 영수 허적을 몰아내고 주요 관직들을 서인에게 나눠주었다. 숙종의 정비인 인경왕후가 아들 없이 20세의 꽃다운 나이에 세상을 떠나자, 숙종은 서인 민유중의 딸(인현왕후)을 새 왕비로 맞아들였다.

같은 시기에 숙종은 나인 장씨를 특별히 총애했다. 이를 못마땅하게 여긴 숙종의 생모 명성왕후가 장씨를 궁궐에서 내쫓았다. 그녀를 중심으로 남인들이 모여들까 경계했던 것이다. 하지만 숙종의 총애는 변함이 없었다. 명성왕후가 죽은 후 인현왕후가 "성상의 은혜를 입은 여인을 사가에 둘 수 없으니 불러들이시옵소서."라고 청하자, 숙종은 못 이기는 척 장씨를 다시 궁으로 불러들였다.

궁으로 돌아온 장씨는 숙종의 총애를 믿고 방자하게 굴었다. 도에 넘은 장씨의 행동에 화가 난 인현왕후는 장씨를 불러 꾸짖고 종아리를 때리기도 했다. 현실을 직시한 장씨는 자기편이 되어 줄 사람을 찾기 시작했다. 왕실의 어른이지만 의지할 데 없던 자의대비(인조의 계비. 후궁 조씨에게 밀려 인조의 총애를 받지 못했으며, 인조 사후에는 예송 논쟁에 휘말려 원치 않는 주인공이 되었다.)의 마음을 사기 위해 온갖 노력을 다했고, 정명공주에게도 깍듯이 대했다.

숙종이 정명공주에게 갖은 예를 갖추었기 때문이다. 실록에는 숙종이 정명공주에게 먹을거리와 옷감을 내리라고 명하는 대목이 무려 13차례나 나온다. 영의정 김수항은 자연 재해로 흉년이 들었는데도 인조반정

60년을 기념해 정명공주에게 은전을 베풀어 주기를 청했다.

1683년(숙종 9년) 3월 20일 영의정 김수항이 지난 겨울 북도(北道)에서 풀과 나무에 꽃이 피었고, 금년 3월에는 여러 도에 눈이 내린 재앙에 대해 아뢰며 갑절이나 더 마음을 가다듬기를 청했다.

"인조께서 반정하셨던 때가 계해년(1623년) 3월이었는데, 지금 주갑(周甲, 환갑)이자 3월을 맞이했나이다. 인조께서 난세를 평정해 질서 있는 세상으로 회복시켜서 종묘와 사직을 다시 편안하게 하신 지 60여 년이 되었는데, 나라의 형세가 쇠약해져서 날로 위태롭고 쇠망하는 지경에 이르고 있으니, 어찌 두려워하는 마음이 들지 않겠습니까?"

**남간정사** 1683년(숙종 9년)에 송시열이 능인암 아래에 지은 건물이다. 정사(精舍)는 성균관·향교·서원과 같은 일종의 교육 기관이었다.

김수항은 이어서 아뢰었다.

"정명공주는 80세에 이르셨지만 지금도 건강하십니다. 이번 계해년은 인조께서 인목대비의 지위를 회복시키시고, 또 공주의 혼례를 행했던 해인데, 예기치 못한 흉년을 당해 비록 사연(賜宴, 나라에서 잔치를 베풀어 주는 일)은 못하더라도 마땅히 특별하게 대우하시는 은전(恩典, 나라에서 은혜를 베풀어 내리던 특전)이 있어야 할 것입니다."

숙종은 이 말을 듣고 해조(該曹)에 명해 식물(食物, 먹을거리)과 의자(衣資, 옷감)를 넉넉히 지급하게 했다.

## 정명공주의 오복 '존귀함, 겸손, 공손, 어짊, 후덕'

정명공주는 천수를 누리고 83세에 세상을 떴다. 정명은 늙어서도 공주였고 죽을 때도 공주였다. 얼굴에서 발하는 존귀함은 죽어서도 다르지 않았다. 숙종은 정명공주가 죽어서도 예우를 다했다. 실록에도 숙종이 정명공주의 죽음을 애도했다는 대목이 따로 나올 정도다.

정명 공주가 졸(卒)하였다. 공주는 선조 대왕의 딸로서 인목 대비가 낳았다. 어려서 인목 대비를 따라 서궁에 유폐되었다가 인조가 반정하자 영안위 홍주원에게 하가(下嫁, 공주나 옹주가 귀족이나 신하에게로 시집감)하여 자손이 번성함을 누렸다. 임금이 매우 슬퍼하여 예장(禮葬, 예식을 갖추어 치르는 장사)하게 하고 녹봉은 3년을 기한해 그대로 주도록 명하였다.

정명공주(1603~1685)와 거의 동시대를 함께했던 송시열(1607~1689)
은 정명공주의 죽음을 누구보다도 애석해했다. 송시열은 정명공주의 묘
지(墓誌, 죽은 사람의 이름, 신분, 행적 따위를 기록한 글)에 이렇게 썼다.

"공주는 부인의 존귀함에 걸맞게 겸손하고 공손하며 어질고 후덕해 오
복을 향유했다."

송시열의 묘지 글대로라면 정명공주에게 오복은 '존귀함, 겸손, 공손,
어짊, 후덕'이었다.

정명공주는 계축옥사, 인조반정, 이괄의 난, 정묘호란, 병자호란, 두 번
의 예송, 경신 대기근 등 역사의 굴곡을 직접 거치기도 하고 비켜 가기도
했다. 인조가 죽은 후 죽을 때까지 36년간은 지난 47년의 고난을 보상받
기라도 하듯 순탄한 나날이었다.

정명공주는 7남 1녀의 자녀를 두었는데, 그 후손도 대대로 역사에 이
름을 올렸다. 정명공주의 장자 홍만용은 숙종 때 이조 판서와 예조 판서
를 역임했다. 정조의 수호자 홍국영, 홍봉한과 그의 딸 혜경궁 홍씨, 『임
꺽정』을 쓴 벽초 홍명희도 정명공주의 후손이다. 정명공주가 47년 동안
겪은 고난이 후손들을 위한 밑거름이 되기라도 한 것처럼 그녀의 후손은
대대로 역사에서 주요한 역할을 했다.

### '화정', 이 시대의 화두로 떠오르다

효종, 현종, 숙종은 정명공주에게 빚을 진 적이 없지만 최고의 예우를
아끼지 않았다. 하지만 인목대비와 정명공주에게 빚을 가장 많이 진 인

조는 17년 동안 정명공주를 무고 혐의로 괴롭혔다.

광해군과 인조는 한때 정명공주를 도탑게 보듬었다. 하지만 광해군은 정치적 견해차 때문에, 귀가 얇은 인조는 의심증 때문에 정명공주를 죽음의 고통까지 몰고 갔다. 정명공주는 일관성 없는 두 남자로 말미암아 내내 속을 감추며 살 수밖에 없었다.

그 과정에서 탄생한 것이 '화정'이다. 정명공주는 속으로 '빛나는 다스림'을 새겼다. 인조 때 형성한 집과 땅으로 넉넉한 생활을 누리기도 했다. 하지만 정명공주는 공주로서의 화려함을 드러내기보다는 '존귀함, 겸손, 공손, 어짊, 후덕'을 지키려 했다. 병자호란 때 강화도로 피란 갈 때는 배에 실은 자신의 재물을 내려놓고 피란민을 태우기도 했다.

조선이 여성에게 많은 기회를 주었다면 어떤 사회가 되었을까 생각해본다. 우리는 '조선 시대의 여성' 하면 기껏해야 원경왕후(태종의 비이자 세종의 어머니), 정명공주, 혜경궁 홍씨, 허난설헌, 황진이, 신사임당 정도를 떠올린다. 조선에 뛰어난 여성이 이들만 있지는 않았을 것이다. 이들은 여성이 지켜야 할 것을 누구보다 잘 지킨 인물로서 존경의 대상이 되고 있을 뿐이다. 정작 이들이 역사의 주역으로서 역할을 다했는지는 의문이다. 우리가 알지 못하는 훌륭한 여성들이 얼마나 많이 조선 사회라는 이름 밑에 파묻혔을까.

지금 사회처럼 조선이 여성에게 기회를 주었다면 여성은 얼마나 큰 역할을 해냈을까. 시대 탓으로만 돌릴 수는 없다. 세종은 둘째 딸 정의공주에게 한글 창제의 소임을 일정 부분 맡기기도 했다. 남성이 어떤 선택을 하느냐에 따라 많은 것이 달라질 수도 있었다.

정명공주는 서경 유폐 때 붓글씨에 전념했으나, 인조로부터 무고의 의혹을 받고 있었을 때는 아무것도 하지 않았다. 정명공주가 할 수 있는 최고의 선택이었을 것이다. '문한(文翰)은 부인들이 할 일이 아니다.'는 유교적 습속에 매여 있는 분위기 때문에 붓글씨를 일절 쓰지 않았다. 유력 사대부와 접촉하는 수단으로 한자를 쓴다는 의심을 피하기 위해 붓을 꺾은 것이다. 투쟁으로 얻는 '화려한 정치'에 대해서는 경계했다. 정명공주는 인조가 죽은 후 한문 붓글씨를 재개했을 것이다.

정명공주는 자신의 붓을 꺾도록 만든 세상에 '화정'을 남겼다. 위기 때마다 자신을 지켰던 '화정'을 우리에게 남겼다. 남보다 먼저 자신에게 '빛나는 다스림'을 적용하기를 자손에게 당부했듯이 우리 모두에게도 당부하고 있는지 모른다.

"너희가 다른 사람의 허물을 보거나 들었을 때 부모의 이름을 들었을 때처럼 귀로만 듣고 입으로는 말하지 않기를 간절히 바란다."

## 〈참고 문헌〉

『조선왕조실록 국역본』, 국사편찬위원회

『계축일기』, 전규태 주해, 범우사, 2005

『조선시대 왕과 신하』(『연려실기술』에 드러난 조선왕조의 진실), 박성수, 삼영사, 2009

『조선왕조실록을 보다』, 박찬영, 리베르스쿨, 2014

『한국사를 보다』, 박찬영 · 정호일, 리베르스쿨, 2014

『고등학교 한국사 교과서』, 최준채 외, 리베르스쿨, 2014

『한국사, 드라마가 되다』, 호머 헐버트, 리베르, 2009

『조선왕조사』, 이성무, 수막새, 2011

『조선평전』, 신병주, 글항아리, 2011

『조선공주실록』, 신명호, 역사의아침, 2009

『조선공주의 사생활』, 최향미, 북성재, 2011

『광해군』, 한명기, 역사비평사, 2015

『광해군 그 위험한 거울』, 오항녕, 너머북스, 2012

『조선 왕을 말하다』, 이덕일, 역사의아침, 2010

『한권으로 읽는 조선왕조실록』, 박영규, 웅진지식하우스, 1994

『박시백의 조선왕조실록』, 박시백, 휴머니스트, 2013

『우리 역사의 수수께끼』, 이덕일 · 이희근, 김영사, 2014

『조선사 3대 논쟁』, 이재호, 역사의아침, 2008

『병자호란』, 한명기, 푸른역사, 2014

『근대를 말하다』, 이덕일, 역사의아침, 2012

『대비, 왕 위의 여자』, 김수지, 인문서원, 2014

『왕과 아들, 조선시대 왕위 계승사』, 한명기 · 신병주 · 강문식, 책과함께, 2013

『임진왜란과 한중관계』, 한명기, 역사비평사, 1999

『징비록』, 유성룡, 서해문집, 2003